Bettina Franke
Handbuch Alltag

Bettina Franke

Handbuch Alltag

Haltung, Atmung, Lebenssinn

Mit Fotografien von
Wynrich Zlomke
und Pinselzeichnungen von
Eva Hocke

Dieses Buch dient der Information über spirituelle Sichtweisen sowie der Stärkung Ihrer Selbstheilungskräfte. Sollten Sie Zweifel oder Unklarheit bezüglich Ihres körperlichen Befindens oder allgemeinen Gesundheitszustands haben, sprechen Sie bitte vorab mit Ihrem Arzt oder Heilpraktiker – dieses Buch ersetzt weder eine fachliche Diagnose noch Behandlung.

Bücher haben feste Preise.
1. Auflage 2015

Bettina Franke
Handbuch Alltag

© Bettina Franke/Neue Erde GmbH 2015
Alle Rechte vorbehalten.

Fotografie: Wynrich Zlomke, Guggenhausen
Pinselzeichnungen: Eva Hocke, Bad Saulgau

Titelseite und Innentitel:
Illustration: Eva Hocke
Gestaltung: Dragon Design

Satz und Gestaltung:
MüllerHocke GrafikDesign; Dragon Design
Gesetzt aus der Univers

Dem Buch liegt eine CD bei.
Nähere Angaben siehe letzte Seite.

Gesamtherstellung:
Appel & Klinger, Schneckenlohe
Printed in Germany

ISBN 978-3-89060-672-9

Neue Erde GmbH
Cecilienstr. 29 · 66111 Saarbrücken
Deutschland · Planet Erde
www.neue-erde.de

Für grundlegende Kenntnisse, Erfahrungen und Erkenntnisse,
die dieses Buch auf den Weg gebracht haben,
möchte ich insbesondere meiner lieben Familie,
Indu und Chandra (Yoga Jivana Ashram Ibiza),
Smt. Meenakshi Devi Bhavanani
und Dr. Ananda Balayogi Bhavanani (ICYER),
Jana Haas und all den Menschen,
die mir in der Begegnung Impulse geschenkt haben,
von Herzen danken.

Inhalt

- 8 Vorwort *von Jana Haas*
- 10 Einleitung

12 Basis
- 14 Meine Motivation
- 18 Der Alltag
- 22 Die Übungen
- 31 Die Praxis

34 Haltung
- 36 Grundhaltungen
- 40 Liegen
- 50 Sitzen
- 56 Stehen

64 Atmung

78 Wohlgefühl
- 80 Wie geht es mir?
- 85 Spannung – Entspannung
- 91 Reise durch den Körper

98 Wachheit und Klarheit
- 101 Frühjahrsputz
- 129 Die Wirbelsäule beleben
- 134 Reinigende Atmung

138 Lebenssinn – Lebensaufgabe – Lebensweg
- 146 Die drei Herzenssätze
- 157 Meine begleitende Arbeit

165 Schlusswort

- 171 Über die Autorin

Vorwort
von Jana Haas

In unserer globalisierten, von hohen Anforderungen, Stress und Unsicherheiten geprägten Welt, brauchen wir zur Erhaltung unserer Leistungsfähigkeit, für Glück, inneren Frieden und Gesundheit heute mehr denn je Achtsamkeit, Ruheoasen und Meditation im Alltag. Eine positive Einstellung, liebe- und lichtvolle Gedanken, Gefühle und Taten, ein unerschütterliches Urvertrauen und ein Aufgehobensein in uns selbst und in Gott ermöglichen uns ein liebevolles, gesegnetes und erfolgreiches Leben. Wir sollten stets auf unsere Gedanken, Gefühle und unser Tun achten, denn sie sind die Bausteine unseres künftigen Schicksals.

Vertrauen in sich selbst und die himmlische Führung ist die Grundlage für ein glückliches Leben. Unser aller Lebensmotto sollte sein: »Ich glaube an mich und an die Hilfe des Himmels, was auch geschieht, ich schaffe alles!« Eine solch positive Haltung voller Vertrauen führt zu einer inneren Reife und Stärke. Man erkennt, dass eventuell unterschwellig vorhandene Ängste, die einen blockierenden Einfluss auf uns ausüben, heute keine Macht mehr über uns zu haben brauchen. Vertrauen führt zu einem befreiten und glücklichen Leben.

Lieben Sie sich und das Leben und betrachten Sie die Dinge unvoreingenommen, offen und kreativ, denn die Welt ist bunt und vielseitig. Jenseits unserer Sichtweise gibt es noch unendlich viele andere Perspektiven. Das Leben hat viele Facetten, und eine offene und flexible Betrachtungsweise und das entsprechende Denkvermögen können uns neue Erkenntnisse und Lösungen offenbaren. Es gibt viel zu entdecken, wenn wir im Vertrauen und in der Achtsamkeit sind.

Bettina Franke gibt in diesem Buch sinnvolle, nachvollziehbare und in den Alltag leicht zu integrierende Anregungen. In Ruhe und Bewusstheit eröffnen sich uns neue Eindrücke, und wir können unbefangen mit allem, was geschieht, umgehen. Liebe, Freude, Erfolg und Glück können uns im Alltag jederzeit und überall erreichen. Sie entstehen in innerem Frieden und harmonischem Fluss.

Erkennen wir die Wunder der Schöpfung, öffnen wir uns dem Leben und erweitern stets unseren Horizont. Vertrauen Sie sich und der unendlichen Weisheit in sich und spüren Sie, dass Sie immer von der geistigen Welt geliebt werden, und erkennen Sie die Liebe in allem.

Ich wünsche Ihnen, dass dieses wunderbare Buch eine große Hilfe in Ihrem Alltag sein wird.

Jana Haas
Herdwangen-Schönach, Januar 2015

Einleitung

Mit diesem Buch möchte ich Ihnen die Möglichkeit geben, Ihren Alltag als Wachstums- und Heilungsprozess zu erkennen und zu leben. Viel zu oft verlagern wir gerade unsere Gesundheit – weit weg vom »Alltag« – in eine abgegrenzte Zeit, in der wir uns um sie kümmern wollen. Wenn uns jedoch Krankheit, eine Krise oder anderes Unglück widerfahren, ist natürlich unser Alltag davon betroffen, wir fühlen uns unserem Schicksal ausgeliefert und müssen irgendwie handeln.

Die Menschen, die in meine Praxis kommen, haben meist diesen Druck, handeln zu müssen, weil sie in Ihrem Alltag sonst nicht mehr funktionieren können, weil das Leben zu beschwerlich ist und manchmal gar nicht mehr lebenswert zu sein scheint. Mit Hilfe meines klaren Wissens, einer tiefen inneren Weisheit, aus welcher ich seit meiner Kindheit schöpfe, kann ich diesen Menschen vermitteln, was sich hinter ihrer momentanen für sie schweren Situation verbirgt und welche neuen Perspektiven sich zeigen möchten, um wieder Lebensqualität, ganz gleich auf welcher Ebene, herzustellen.

Dabei ist es, als würde ich in einem Bilderbuch des Lebens dieser Seele lesen. Es zeigen sich mir, der augenblicklichen Fragestellung entsprechend, die Erfahrungen, Emotionen, Verknüpfungen mit anderen Menschen, Zusammenhänge, um die es geht, damit sich die Seele aus dem aktuellen Zustand weiterentwickeln kann. Das kann heißen: die Krankheit zu überwinden oder Frieden mit ihr zu schließen, aus einer Krise gestärkt hervorzugehen oder mit Unglück entsprechend umgehen zu können, Ängste loszulassen, Entscheidungen treffen zu können und vieles mehr. Die Stimmigkeit dessen, was ich aus dem jeweiligen »Seelenbilderbuch« übermittle, zeigt sich bei den Menschen meist darin, dass sie zum einen emotional sehr berührt sind und sich zum anderen wundern, dass ich ihnen Zusammenhänge aufzeige, die ich, ohne sie zu kennen, eigentlich gar nicht wissen kann.

Das ist mein anfänglicher Anteil am Entwicklungs- und Heilungsprozess: erste Erkenntnisse zu übermitteln, Licht auf den Schatten zu werfen. Der andere Teil liegt in meinen Klienten: sich davon berühren zu lassen und diese Erkenntnisse zum Anlass zu nehmen, tätig zu werden.

Der weiterführende Anteil meiner Arbeit besteht erstens darin, ihnen für dieses »Tätigwerden« die entsprechenden »Werkzeuge« wie Haltung, Atmung, Wohlgefühl, Wachheit und Klarheit sowie Lebenssinn, Lebensaufgabe und Lebensweg mit Hilfe von Übungen, die aus meinem Erfahrungsschatz im Yoga sowie aus klaren Eingebungen aus den lichtvollen geistigen Welten kommen, für sie nützlich und einsetzbar zu machen. Hierauf liegt auch der Fokus dieses Buches.

Und zweitens möchte ich interessierten Menschen auch persönlich – sei es in Einzelberatungen oder Seminaren – eine begleitende Hand reichen. Es ist wie wenn ein Kind laufen lernt und zwischendurch nach einer Hand greift, um Sicherheit und Vertrauen zu spüren. Wo wir anfangs unter Umständen noch öfter eine begleitende Hand benötigen, wird dies nach und nach immer weniger nötig sein.

Dieses Buch entstand ursprünglich in der Absicht, meinen Klienten Handreichungen und hilfreiche Übungen an die Hand zu geben sowie insbesondere den Gesamtzusammenhang näherzubringen, in den die Übungen eingebettet sind. Die Übungen haben sich als so wirksam und alltagstauglich und die Erläuterungen zu universellen Zusammenhängen als so einfach, klar und doch tiefgründig erwiesen, dass ich sie nun einem größeren Leserkreis nahebringen möchte.

Bettina Franke
Guggenhausen im Januar 2015

Basis

Meine Motivation
Der Alltag
Die Übungen
Die Praxis

Meine Motivation

Ich freue mich, wenn ich durch erste Erkenntnisse etwas in Bewegung bringen und sich auch Heilung vollziehen kann, jedoch geht mein Hauptanliegen dahin, dass Sie in Ihrer eigenen Kraft stehend über Ihre eigenen bodenständigen Erfahrungen und Erkenntnisse Ihr Leben meistern. Denn selbst wenn die eine Herausforderung bewältigt wurde – die nächste steckt in den Startlöchern! Das nennt sich Leben!

Die dahinterstehende Motivation geht noch weiter: Ich spüre schon seit längerem den Ruf, den Menschen – unabhängig von Glaubensfragen, Philosophien und anderen Einstellungen – über ihre *eigene* Erfahrung Erkenntnisse über ihr Leben, und so natürlich auch über ihre Gesundheit, gewinnen zu lassen. Denn über das eigene Erleben werden Inhalte für uns fassbar und nachvollziehbar.

»To learn by heart« (auswendiglernen) heißt wortwörtlich übersetzt: »über das Herz lernen«. Wir dürfen selbst von Herzen spüren, was etwas mit uns macht, denn nur dann ist das Wissen und Tun keine Glaubensfrage mehr, sondern wir verstehen es aus dem tiefsten Inneren, erleben die »Beweise« an uns selbst und werden aufgrund eigener Überzeugung in der Lage sein, nachhaltig etwas zu wandeln.

Das ist es letztlich auch, was allen Religionen, allen spirituellen Wegen vorausging: Menschen, die in Erinnerung blieben, Menschen, die die universellen Wahrheiten tatsächlich wahrgenommen, erlebt und vor allem auch *gelebt* haben. Ich möchte das anhand des Yoga darstellen, weil mich Yoga seit über zwanzig Jahren begleitet.

Die Wurzeln des Yoga dürfen in der Zeit gesehen werden, in welcher Rishis, sogenannte »Weise« und »Sehende«, durch ihr eigenes Erleben, Tun und Sein die Erfahrungen, das Wissen und die Weisheit sammelten, dieser – manchmal mehr, manchmal weniger – tief in uns allen verborgenen

Sehnsucht, dem Sinn unseres Seins näherzukommen oder gar in dieser allumfassenden bedingungslosen Liebe aufzugehen. Alle die auf ihrem Weg gewonnenen Erkenntnisse wurden von Mund zu Mund weitergegeben – von Lehrer zu Schüler. Der Schüler lebte bei seinem Lehrer, Guru,* im Gurukula,** damit auch dieser in Resonanz mit Menschen und Situationen das Gehörte und Vorgelebte nun selbst erfahren konnte. Denn wie kann vom Intellekt erfasstes Wissen zur inneren Weisheit werden: Es muss seinen Platz im Herzen finden und dadurch im Alltag.

Wir alle kennen Momente, in denen wir rein verstandesmäßig etwas nachvollziehen können, jedoch unser Herz etwas ganz anderes spürt. Diese Diskrepanz ergibt sich meist aus den Blockaden, altgedienten Mustern und Gewohnheiten, die, wenn sie gelöst sind, dafür sorgen, dass Kopf und Herz im Gleichklang schwingen. Dass ist auch der Grund, weshalb die Weisheiten nicht in geschriebener Form weitergegeben wurden. Denn es ging nicht darum, sich Wissen anzulesen, sondern die Weisheiten mit allen Sinnen aufzunehmen, sie im tiefsten Inneren zu bewegen, damit das eigene Wissen bewegt wurde und zutage treten durfte.

Nicht umsonst forderten auch die Gurus ihre Schüler früher dazu auf, nach Verlassen des irdischen Körpers ihres Gurus, den Ashram*** niederzubrennen. Denn es ging nicht darum, dem Guru mit seinen Weisheiten zu huldigen, sondern demütig und dankbar mit den im täglichen Leben am eigenen Leib über die Resonanz und in Meditation erfahrenen Weisheiten, gut gerüstet, spätestens jetzt, selbst anderen auf die eigene

---

* Guru = wörtlich übersetzt: der/diejenige, welche/r »Licht ins Dunkel« bringt.
** Gurukula = »Gebärmutter« des Gurus – soll heißen, dass der Schüler bei seinem Guru und dessen Familie lebte. Allein an der Wortgebung erkennt man, dass es um Entwicklung geht, eben so wie in der Gebärmutter ein neues Menschenleben heranreift, so gibt der Guru dem Schüler die Möglichkeit heranzureifen und das Vollkommene, Göttliche in sich selbst zu entdecken.
*** Ashram = Wohnstatt des Gurus

authentische Art und Weise bei der Entfaltung ihres Lebensweges Impulse zu geben. Denn letztlich trägt jeder einzelne von uns diese Weisheiten in sich.

Erwähnenswert finde ich an dieser Stelle, wie sich Lehrer und Schüler fanden. Es gibt den Ausspruch: »When the student is ready, the master appears.« (Wenn der Schüler bereit ist, erscheint der Meister.) Die Schüler machten sich auf den Weg, um zu lernen, denn die Lehrer lebten mit ihrer Familie meist abgeschieden in den Bergen oder Wäldern und wurden vom Schüler gefunden. Das Bereitsein des Schülers für den Lehrer bezog sich nicht auf Können oder Wissen, welches vorausgesetzt wurde, sondern auf die Bereitschaft, sich auf den Weg zu machen, um sich auf sich selbst, auf das Sein, einzulassen.

Auch braucht der Meister nicht in Form einer einzelnen Person auftauchen, er kann sich in vielen unterschiedlichen Formen zeigen: Mögen es damals außer dem Guru die Abgeschiedenheit und eine meist unwirtliche, einfache Bleibe, die harte Arbeit oder manches andere gewesen sein, können wir – auf unser heutiges Leben bezogen – den »Meister« in den Kindern, in der Partnerschaft, in der Gesundheit, im Beruf, im Wetter, in einer Blume, einem Lächeln, in einer roten Ampel oder gar im angebrannten Essen auf dem Herd sehen. Jede Minute unseres Daseins möchte uns etwas lehren, auch wenn es beispielsweise »nur« das ist, sich nicht unnötig ablenken zu lassen, damit das Essen nicht anbrennt oder auch einfach zu akzeptieren, wenn es denn schon angebrannt ist.

Manch einer mag sich fragen, wie sich auf dieser Grundlage selbst im Bereich des Yoga ein Anhänger- und Personenkult entwickeln konnte. Das liegt zum einen daran, dass auch Gurus Menschen aus Fleisch und Blut sind und manchmal Gefallen daran fanden, im Mittelpunkt zu stehen und Macht zu haben. Zum anderen werden sie darin durch ihre Anhänger bestärkt, die sich nicht wirklich auf sich selbst und ihr Leben einließen, um in ihrer Kraft stehend ihren Lebensweg zu gehen, sondern lediglich bestimmte Weisheiten nach vorgegebenen Regeln als »Abhängige« konsumierten.

Damit beantwortet sich schnell die Frage, wie es im Namen Gottes beziehungsweise im Namen der Liebe menschenverachtende Sekten geben kann und im Namen von Religionen Kriege geführt werden und Gewalt herrschen können: Wenn Menschen solche nicht mehr selbst erfahrenen Weisheiten weitergaben, blieb nur noch die Worthülse übrig; der Kern, das Herz gingen verloren. Damit die Weisheiten trotzdem weitergegeben werden konnten, wurden solche leeren Worthülsen genutzt. Wir alle wissen, wie unzureichend und begrenzt Worte sind, zum Beispiel, wenn wir Herzensangelegenheiten beschreiben möchten. Nicht umsonst wurden alte spirituelle Schriften auf poetische Art und Weise verfasst, um so Freiraum für die eigenen Erfahrungen zu lassen. Nur über das eigene Erleben der Inhalte konnte der Leser ein vollständiges Bild erhalten. Je weniger Freiraum die Wortwahl ließ, eigenes Erleben durch bloßes Konsumieren und Schüren von Ängsten ersetzt wurde, desto größer wurde die Gefahr, dass Texte »schwarz auf weiß« ausgelegt und verstanden wurden. Der Herzensanteil verschwand völlig, übrig blieben Dogmen, unumstößliche Regeln, die oftmals – immer weiter von der Essenz entfernt – zum Vorteil einzelner Menschen beliebig erweitert wurden.

Hier schließt sich der Kreis und hier liegt der Grund, weshalb mir daran gelegen ist, dass Sie darauf achten, dass das, was Sie für sich tun, aus einer liebevollen, offenen, eigenverantwortlichen Haltung heraus geschieht; dass es innerlich wie äußerlich für Sie nachvollziehbar und erlebbar ist; dass Herz, Verstand und Seele im Gleichklang damit sind. Zum einen sind Sie dadurch automatisch in Ihrem Heilungsprozess und zum anderen tragen Sie so zu einem friedvollen Zusammenleben sowohl im Kleinen als auch im Großen bei.

Der Alltag
Zeit der Entwicklung und Heilung

Wenn ich Ihnen, wie schon am Anfang erwähnt, über dieses Buch die Möglichkeit geben möchte, Ihren Alltag als Wachstums- und Heilungsprozess zu erkennen und zu leben, dann heißt das nichts anderes, dass Sie just in diesem Moment, wenn Sie diese Zeilen lesen – wo auch immer Sie sein mögen – bereits in Ihrem Wachstums- und Heilungsprozess sind. Denn das ist Ihr Leben, Ihr Alltag.

Was ist dieser Alltag? Was zeigt uns unser Alltag?

Wir spalten das Leben ja meist auf: auf der einen Seite der Alltag, der gewöhnlich mit Beruf, Schule, Haushalt verknüpft wird, und auf der anderen Seite Urlaub und Freizeit sowie Feier- und Festtage. Wenn ich hier den Begriff Alltag benutze, bedeutet er nichts anderes als »alle Tage«; es ist jeder einzelne Tag unseres Lebens. Denn nicht die Eigenschaft, die wir dem Tag geben, zählt, sondern die Qualität, die wir dieser Zeit schenken. Vielleicht kennen Sie das Gefühl, dass selbst ein Urlaubstag, der mit »erholsam«, »schön« und vielen weiteren positiven Attributen belegt ist, mitunter sehr anstrengend sein kann.

Schon als Kind spürte ich, es müsse mehr zwischen Himmel und Erde geben, und ich beschäftigte mich mit vielen Fragen nach Leben und Tod. Das machte mir das Leben nicht unbedingt leicht, die Fragen waren jedoch einfach da, und später füllten nicht wenige Philosophiebücher das Regal, bis ich die Antworten anderswo auf meinem Weg fand und weiterhin finde.

Auch Sie beschäftigen sich schon immer auf Ihre Art und Weise mit diesen Fragen – wenn nicht bewusst, dann unbewusst. Denn was ist es, was uns täglich antreibt, uns morgens früh aufstehen lässt? Es ist die Sehnsucht nach Liebe. Wir möchten etwas erreichen, anerkannt sein, uns glücklich und geliebt fühlen, gesund sein und vieles mehr. Und dabei setzt jeder, seinen Lebensumständen entsprechend, seine eigenen Maßstäbe. Doch was unabhängig von den individuellen Umständen ist, ist diese weitergehende Sehnsucht. Kennen wir doch beinahe alle die Situation, dass wir uns mit etwas beglückt haben, wir jedoch nach einer Weile das Gefühl bekommen, jetzt noch dieses oder jenes, ob materieller oder nicht-materieller Art, haben zu müssen, damit wir weiterhin glücklich sein können.

Selbstverständlich ist auch das ein Antrieb, doch ist es wichtig zu erkennen, woher dieser Antrieb rührt und ob er an Bedingungen, Vorstellungen oder Erwartungen geknüpft, also auf einem Mangelempfinden gewachsen ist. Früher oder später werden wir feststellen, dass nur, wenn dieser Antrieb der Sehnsucht nach der All-Liebe, nämlich dem Empfinden von Fülle entspringt, sich in uns ein Gefühl des Getragen-Seins, des Eingehüllt-Seins einstellt, ganz gleich, wie die äußeren Umstände sind. Wir werden feststellen, dass wir leben, um bedingungslos lieben zu lernen. Denn Leben ist Lieben und immer gleichbedeutend mit Fülle. Kurze nicht anhaltende Glücksmomente werden dann von einer tiefen inneren Sicherheit, von Vertrauen und Geborgenheit abgelöst. Wir verspüren dann auch gar nicht mehr die Sehnsucht nach oder die Abhängigkeit von diesen sprunghaften kurzen Hochs oder Kicks, sondern finden eine tiefe Zufriedenheit. Und die Übung hierfür ist unser Leben, unser Alltag.

Mit unseren Lebensumständen und Alltagssituationen haben wir das Spielfeld, in dem wir uns von Augenblick zu Augenblick für oder gegen die All-Liebe entscheiden können – diese Liebe, die uns bedingungslos einlädt und uns so annimmt, wie wir sind, die uns frei macht und heilt. Die Sehnsucht bleibt so lange in uns und wir werden so lange versuchen, sie zu kompensieren, bis wir genau diese All-Liebe, diese Fülle in uns selbst entdecken; jedoch nicht kopfmäßig nach dem Motto: »Ja, ja, ich weiß, dass diese All-Liebe – oder wie auch immer Sie es nennen möchten – in mir wohnt«, sondern in dem Sie es von Herzen empfinden. Dann machen wir nichts und niemanden mehr für unser Leben, das nichts anderes ist als der Weg zu dieser Liebe, verantwortlich – außer uns selbst.

War es früher, beispielsweise zu Zeiten der Rishis, ein Privileg, sich mit dem tieferen Sinn des Lebens, nämlich der fortwährenden Entwicklung zur All-Liebe zu beschäftigen, ist es im Zuge des Bewusstseinswandels und der immer feinstofflicher schwingenden Energie geradezu eine Aufforderung an uns alle, sich dieser bedingungslosen, raum- und zeitlosen Liebe, die in jedem einzelnen von uns wohnt, zu öffnen.

Wir können das beispielsweise an den gegenwärtigen Auseinandersetzungen sehen. Scheinbar etablierte Machtstrukturen bröckeln, selbst unter Gewaltandrohung und -ausübung wird nicht mehr alles hingenommen. Immer mehr Menschen entwickeln ein natürliches Empfinden, dass Macht, Angst und Gewalt den individuellen Lebensweg nicht zu bestimmen haben. Das zeigen auch immer mehr unsere Kinder, die nicht auf Autorität und gut gemeinte Erziehung reagieren, sondern nur über eine Beziehung ihr volles Potential entfalten, die von erwartungsloser Liebe, Bereitschaft zum Von-einander-Lernen und gemeinsamem Wachsen, gegenseitigem Respekt und Eigenverantwortung geprägt ist.

Denn die All-Liebe ist an nichts gebunden. Es gibt keine noch so weisen Normen, Techniken, Rituale, über deren »mechanisches« Befolgen sich automatisch diese All-Liebe, diese Fülle einstellt. Es gibt nur diese von jedem einzelnen von uns in reiner und liebevoller Absicht vollbrachten Taten, die uns dieser All-Liebe immer ein Stückchen näher bringen, die unser Herz immer ein wenig heller strahlen lassen. Diese liebevollen Taten rühren daher, von Herzen zu spüren, welchen Weg, welche Aufgabe wir uns für dieses Leben, für unseren Alltag, vorgenommen haben. Mit Hilfe dieses Erkennens können wir sämtliche Umstände im Außen wie im

Innen besser verstehen und können im Vertrauen und Wissen darauf, dass alles einen lichtvollen Sinn hat, weder als Opfer noch als Täter, sondern als Träger dieses göttlichen Lichts unseren Weg gehen.

Bestenfalls werden wir bereits als Kind dahin geführt, uns unserem Weg zu öffnen, ihn zu erkennen und zu gehen. Denn in diesem erfüllenden Bewusstsein, uns auf *unserem* Weg zu befinden, handeln wir aus innerer Zufriedenheit, Ausgeglichenheit und in Liebe. Dann werden negative Reaktionen, die von Angst hervorgerufen werden, – weil wir spüren, dass der Weg, den wir gerade gehen, nicht unser ist – gar nicht nötig sein. Wir werden auch alle anderen Menschen leben lassen können, so dass auch sie ihren Weg gehen können. Lassen Sie sich nun auf einem Stück Ihres Weges von mir begleiten.

Die Übungen

Die Übungen erleben,
sich von ihnen berühren lassen:
Öffnen für die Fülle

Nach diesen Ausführungen liegt nahe, wie die Aussagen und Übungen in diesem Buch zu verstehen sind. Es liegt mir sehr am Herzen, dass die Übungen nicht mechanisch ausgeführt, sondern erlebt werden. Eben gerade, weil wir oft nur noch funktionieren oder konsumieren, wissen wir manchmal gar nicht mehr, was Erleben heißt. Mit Erleben der Übungen meine ich, dass sie uns berühren dürfen. Dabei benötigen wir weder Perfektionismus noch die »Ich-will-alles-darausmitnehmen«-Haltung, sondern Offenheit und Neugierde.

Natürlich werden Sie feststellen, dass Ihnen die eine oder andere Übung leichter fällt und Sie dieses oder jenes schon können. Aber bleiben Sie nicht in diesem Beurteilungsmodus, sondern beobachten Sie, was die Ausführung der Übung mit Ihnen macht, bei Ihnen auslöst, denn *darauf* kommt es an. Machen Sie sich immer wieder bewusst, dass sämtliche Übungen »nur« Werkzeuge dafür sind, in *Ihnen* etwas zu bewegen, das sich vielleicht nur schleppend bewegt, zum Stillstand gekommen ist oder gar rückwärts geht.

Sie führen die Übungen nicht um der Übung selbst willen aus, denn jede Übung gibt es bereits in perfekter Ausführung – die brauchen Sie nicht anstreben. Vielmehr geht es um die Wirkung der Übung auf Sie. Ihre persönliche Erfahrung damit ist einzigartig, weil Sie einen einzigartigen Lebensweg beschreiten, den es kein zweites Mal gibt. Zudem geben Sie sich so immer wieder die Gelegenheit, die Übung neu zu erleben und Neues zu entdecken. Dadurch öffnen Sie sich auch einem nicht nur linearen Denken. Sie weiten automatisch

Ihren Horizont und öffnen sich für neue Wahrnehmungen. Sie öffnen die Tür in eine nicht-lineare, mehrdimensionale Welt – und das über die eigene bodenständige Erfahrung.

Einfachheit und Machbarkeit der Übungen: Entdeckung der Tiefe

Für manch einen mögen die Übungen sehr einfach scheinen, vielleicht zu einfach. Doch gerade wenn Ihnen eine Übung leichtfällt, haben Sie die Möglichkeit, Ihre Aufmerksamkeit auf die Umsetzung der Übung im Alltag zu lenken. Führen Sie die Übung »nur« mechanisch perfekt aus? Oder *sind* Sie diese Übung? Beispiel: Stehen Sie »nur« aufgerichtet da, oder sind Sie äußerlich wie innerlich aufgerichtet und aufrichtig?

Genauso kann es andersherum sein, dass für manch einen selbst die »einfachen« Übungen, aus welchen Gründen auch immer, nicht ausführbar sind. Unter Umständen ist es eine Frage der Zeit, sich letztlich doch die ein oder andere Übung im eigenen Tempo und den Möglichkeiten angepasst zu erarbeiten – wie bereits erwähnt: Es gibt nicht »die eine richtige Übung«, sondern es gibt eine bestimmte Qualität, die Sie aufgrund der Ausführung der Übung erspüren können. Versuchen Sie, wenn Sie eine Übung gar nicht ausführen können, sich im Geiste vorzustellen, wie Sie sie ausführen, und beobachten Sie, was dies mit Ihnen macht. Unser Körper kann uns vieles erleichtern, wenn er gesund ist, und auch erschweren, wenn wir Einschränkungen haben. In unserer Vorstellung, in unserem Geist jedoch, können wir diese Grenzen überwinden. Dadurch können entweder gewisse Einschränkungen wieder wettgemacht werden, oder wir können mit den Einschränkungen Frieden schließen, um auch innerhalb dieser Begrenzungen den individuellen lichtvollen Lebensweg zu gehen.

Wechselspiel von Aktivität und Pause: Nachklang und Manifestation

Vermutlich sind Ihnen folgende Redensarten bekannt: »Zeit heilt alle Wunden«, »über etwas Gras wachsen lassen«, »alles, was Hand und Fuß haben soll, braucht neun Monate«. Nun, was hat das mit den Übungen zu tun? In meinen Übungen lade ich Sie dazu ein, aktiv zu werden, ins Tun zu kommen. Doch nicht nur das: Ich lade Sie ebenso dazu ein, nach jeder Übung eine Pause zu machen. Denn alle diese Übungen haben eine aktive wie eine passive Seite – so wie sämtliches Tun in unserem Leben.

Ein einfaches Beispiel aus dem Garten, in dem es für uns selbstverständlich ist, dass nach der Aktivität die Pause folgen muss, in der jedoch das Eigentliche gedeiht und sich letztlich manifestiert: Lassen Sie uns ein Salatpflänzchen setzen, das uns später unseren Mittagstisch bereichern soll. Zuerst müssen wir das Pflänzchen in gut vorbereitete Erde setzen, werden es angießen und vielleicht noch andere Maßnahmen treffen, damit ein schöner kräftiger Salatkopf heranwachsen kann.

Das ist unsere anfängliche Aktivität. Danach dürfen wir dabei zuschauen, wie es gedeiht. Natürlich reicht es auf Dauer nicht aus, das Salatpflänzchen sich selbst zu überlassen. Vielleicht benötigt es je nach Witterung noch etwas Wärme, Wasser, ein wachsames Auge, wenn es um Schnecken und andere Feinschmecker geht – was es jedoch am meisten benötigt, ist die Ruhe zu wachsen, zu eben diesem ersehnten Salatkopf heranzureifen, und das dürfen wir geschehen lassen. Kein Wunderdünger, kein noch so engagiertes Tun wird von heute auf morgen aus dem Salatpflänzchen einen prächtigen Salatkopf werden lassen. Zuerst dürfen die Kräfte der Erde, der Sonne, des Regens, der Luft und noch viele andere stillen Helfer ihre Wirkung entfalten und das Salatpflänzchen in seiner Entwicklung unterstützen.

Genauso dürfen Sie die Übungen angehen. Zuerst tun Sie Ihr Bestes und führen die Übung bewusst und in Freude aus, und danach gönnen Sie sich eine Pause, lassen die Übung in sich nachschwingen und sich setzen, damit sie sich entfalten kann. Ganz gleich, wie lange und was Sie üben, es ist wichtig, dass Sie immer ein kurzes Innehalten einplanen.

Sie haben mal eben fünf Minuten bewusst tief und vollständig ein- und ausgeatmet? Dann lassen Sie Ihren Atem noch für wenigstens ein paar Runden ganz frei fließen, beobachten Sie so Ihren Atem, fühlen Sie dabei in sich hinein.

Sie haben sich intensiv für eine halbe Stunde einem Übungsablauf gewidmet? Kommen Sie anschließend in eine für sie entspannte Haltung und lassen Sie für weitere fünf bis zehn Minuten das dabei Erlebte tief in sich einsinken.

Wenn Sie so üben, beschenken Sie sich mit dem vollen Potential der Übungen, und wenn Sie so Ihr Leben angehen, werden Sie kaum in Verlegenheit kommen, sich ausgebrannt zu fühlen, weil Sie zunächst ins Tun kommen, dann das Tun sich entfalten lassen und in Muße betrachten, wie sich das Tun entwickelt, um unter Umständen rechtzeitig das Tun in eine neue Richtung zu lenken, damit sich alles zum Guten entfalten kann.

Schritt-für-Schritt vorgehen: Einzigartigkeit und Besonderheit

Gehen Sie Schritt für Schritt in Ihrem eigenen Tempo vor. Unser Denken ist oft von Superlativen und Vergleichen geprägt und in einem Jetzt-und-Sofort-Modus. In unserer Konsumgesellschaft – egal, ob wir dabei mitmachen oder nicht, wir sind Teil davon – gibt es das Beste, Größte, Tollste, Schönste, Aufregendste und so weiter, und mit den entsprechenden Mitteln gibt es das auch sofort. Dazu kommen noch die Vergleiche: Wer ist schöner, hat das teurere Auto, die netteren Kinder, die erfolgreichere Karriere, das größere Haus, das exklusivere Hobby oder auch die größere Opferbereitschaft, den höheren Leidensdruck, das schillerndere Dasein, das gesündere Leben, die bessere Moral und vieles mehr.

Doch wo beginnt oder hört das Beste, das Größte, das Aufregendste, das Schnellste überhaupt auf und wohin führt es und um was geht es dabei? Warum ist es so erstrebenswert, besser, reicher, schöner, erfolgreicher oder bemitleidenswerter, opferbereiter, ärmer zu sein? Es geht um die Einzigartigkeit, um das Besondere und unser Selbstwertgefühl, unsere Selbstliebe. Doch dazu benötigen wir keine Superlative und Vergleiche, denn wir sind bereits einzigartig und besonders und liebenswert. Jeder einzelne von uns ist einzigartig und besonders – es gibt nicht einen zweiten Menschen auf der ganzen Erde, der uns gleich ist. Allein schon, wenn wir unseren Körper betrachten und wie sich unser Leben im Mutterleib entwickelt hat, sind wir wahrlich etwas Besonderes.

Wenn wir uns dies wieder bewusstmachen, nämlich dass wir einzigartig sind wie eben alle anderen Menschen auch, dann werden Vergleiche hinfällig und bestimmen nicht mehr unser Denken und Tun. Doch nach was richten wir uns dann aus?

Wir sind unser eigener Maßstab. Weil wir einen einzigartigen Lebensweg beschreiten, geht es darum, immer klarer zu erkennen, was diesen ausmacht, und das kann nicht in Vergleichen geschehen, sondern nur im eigenen Wahrnehmen und Hineinspüren. Und da wir diesen Platz in unserem Leben schon vorgeburtlich in der geistigen Welt aus einer bedingungslos liebevollen Haltung selbst ausgesucht haben, haben wir uns auch für ein liebevolles, verantwortungsbewusstes Sein entschieden, zu dem wir jetzt auf der Erde eigenverantwortlich finden dürfen, was aufgrund der unterschiedlichsten Umstände, mit denen wir konfrontiert werden, nicht so einfach sein mag, jedoch Schritt für Schritt möglich ist.

Klare Übungen und systematische Übungsabläufe: Erinnerungsstützen

Sehen Sie die Übungen, die Sie ausführen, als Erinnerungsstützen an. Wir sind vielleicht nicht in der Lage, die geistigen Zusammenhänge und universellen Gesetze und unseren Standpunkt darin von Herzen zu erkennen und zu verstehen. Dann mag es sein, dass wir versuchen, über unseren Verstand all dem näherzukommen, was jedoch schwierig ist, weil wir mit dem, was wir mit unserem Verstand erfassen können, schnell an Grenzen kommen. Diese Grenzen können wir dann mit Hilfe der Übungen, die uns berühren dürfen und können, überschreiten, ohne sogleich den rein geistigen Weg zu gehen, auf dem wir uns womöglich sehr schnell in einem Wirrwarr von kopfgemachten und von ausgedienten Mustern geprägten Gedanken verlieren.

Durch die Übungen sichern wir uns einen geerdeten Zustand, in dem uns Dinge, die über unseren Verstand hinausgehen, zufließen dürfen. Wir nehmen Impulse in einem liebevollen wahrhaftigen Zustand auf, und so kommt alles – selbst, wenn wir es noch nicht wahrnehmen können – bei jedem einzelnen von uns unverfälscht auf Herzensebene an. Infolgedessen öffnen sich in uns neue Türen, unser Bewusstsein schärft sich, unsere Wahrnehmungsfähigkeit weitet sich auf jeder Ebene – mit dem Ergebnis, dass es uns immer leichterfällt, unseren Lebensweg gesund und glücklich zu beschreiten.

Bildergalerien: Sicherheit, Vertrauen und Eigenverantwortung

Mit meinen Bildfolgen lade ich Sie dazu ein, die Übungen in einer bestimmten Art und Weise auszuführen. Jedoch soll dies lediglich der Orientierung dienen, damit Sie vor Augen haben, wie eine Haltung oder ein Übungsablauf aussehen kann, und Sie leichter verstehen können, was zu tun ist. Sie können all das nachahmen, und es mag dem auf den Bildern Gezeigten völlig gleichen, und doch werden Sie Ihre einzigartige Erfahrung damit machen. Kleine Kinder leben völlig in diesen Nachahmungskräften. Sie ahmen nach, was wir Erwachsene, vor allem die engsten Bezugspersonen, sagen und tun. Sie spiegeln uns. Diese Nachahmung schenkt Ihnen Sicherheit und Vertrauen – nicht umsonst ist es so bedeutend, was sie in uns zur Nachahmung finden, denn was Mama und/oder Papa tun, ist gut.

Nachahmung schafft Vertrauen jedoch nur, wenn Nachahmung frei erlebt werden darf, zum Schöpfen aktiviert im Sinne von »bei mir sieht es so aus und es fühlt sich gut an« und eben nicht nur zum Funktionieren im Sinne von »nur wenn es so und so aussieht, ist es richtig, egal wie es sich anfühlt«. Und genau daraus wird sich ein von innen erlebtes liebevolles Denken und Tun entwickeln.

Was hat das mit den Übungen zu tun, die ich hier beschreibe? Es soll nochmals aufzeigen, wie wichtig das Erleben dieser Übungen ist. Es geht allein darum, was das Üben mit Ihnen persönlich macht. Es geht nie um »Der kann es besser…«, »Ich kann das nicht, weil…«, »Ich kann das sowieso schon…«. Die Übungen dürfen in Ihnen das bewegen, was Sie zulassen. Durch die Übungen dürfen Sie wieder in einen schöpferischen Prozess kommen – nämlich *sein*. Wir sind keine Maschinen, die auf Knopfdruck auf die eine oder andere Weise funktionieren müssen, wenn wir in einem liebevollen Sein sind, das von Achtsamkeit und Verantwortung geprägt ist. Es gibt dann keine Täter- und Opferstrukturen mehr, denen wir folgen. Das heißt, dass wir weder jemanden daran hindern, den eigenen Lebensweg zu gehen, noch uns von jemandem daran hindern lassen, unseren eigenen Weg zu gehen.

Deswegen ist mir auch die Einfachheit der Übungen wichtig: Natürlich können wir uns Stück für Stück auch noch anderen herausfordernden Übungen nähern, jedoch erst dann, wenn wir gelernt haben, wahrzunehmen. Dann werden wir auch keine körperlichen und mentalen Begrenzungen überschreiten und uns wehtun, sondern spüren, wie weit wir gehen dürfen. Sobald wir Verantwortung für uns selbst übernehmen, übergeben wir diese nicht dem Lehrer, der vielleicht gerade das zu erwähnen vergessen hat, was wir in unserem Leidensfalle nicht tun sollten. Um es an einem alltäglichen Beispiel aufzuzeigen: Wir übergeben die Verantwortung nicht den Airbags im Auto, sondern unserer eigenen Achtsamkeit beim Fahren. Und bezogen auf unseren Lebensweg: Wir machen allein uns selbst dafür verantwortlich, ob wir ein erfülltes Leben führen.

Gesprochene Anleitungen: Schulung der Wahrnehmung und Umsetzung

Die gesprochene Anleitung gibt, nachdem Sie über die Bilder und die Begleittexte Sicherheit und Vertrauen gefunden haben, die Freiheit, sich voll und ganz auf die Umsetzung und Selbstwahrnehmung zu konzentrieren. Sie können sich vom äußeren Sehen zum inneren Sehen hinwenden. Auch das ist eine Schulung wie im Alltag, wenn wir beispielsweise eine wichtige Entscheidung zu treffen haben: Wir werden zunächst sämtliche äußeren Aspekte, das Für und Wider, abwägen und bestenfalls, selbst wenn eine schnelle Entscheidung nötig ist, eine Nacht darüber schlafen, damit wir zwar in Kenntnis des Für und Wider, jedoch von innen heraus, von Herzen kommend, eine stimmige Entscheidung treffen können.

Haltung, Atmung, Wohlgefühl, Wachheit und Klarheit, Lebenssinn, Lebensaufgabe und Lebensweg – sie sind unsere steten Begleiter im Alltag – schaffen Sicherheit und Vertrauen in unsere nächsten Schritte und in unsere Vollkommenheit, weil wir Teil des Vollkommenen, des Ganzen sind.

Warum sollten wir dann unvollkommen sein? Unsere Vollkommenheit liegt oft lediglich gut unter Schichten von »was wir *nicht* sind« verborgen.

Geben Sie Ihr Bestes und bleiben Sie in der Einfachheit und Machbarkeit, dann fällt Ihnen die sofortige Umsetzung im Alltag leichter. Erinnern Sie sich immer wieder daran, dass die Erfahrungen mit den Übungen in Ihrem Alltag ankommen möchten. Deshalb gebe ich auch immer wieder Beispiele für das Erleben im Alltag. Ich mache Sie darauf aufmerksam, wie Sie mehr oder weniger bewusst mit all dem Grundlegenden, was ich hier beschreibe, sowieso schon umgehen, nur vielleicht noch nicht in einem evolutionären, schöpferischen Sinne. Sie schöpfen vielleicht die Möglichkeiten, die in all dem Grundlegenden liegen, noch nicht aus.

Das Leben ist Ihre größte Übung, üben Sie mit Freude und Humor, ja, Sie dürfen dabei lachen und Spaß haben! Öffnen Sie alle Ihre Sinne für die Schönheit des Lebens, selbst wenn sie sich manchmal (aus Ihrem Blickwinkel!) gut verstecken mag.

Die Praxis

Wie sieht nun die Praxis aus? Viele kennen die lange Liste im Hinterkopf, in der all das festgehalten ist, was eigentlich gut für uns wäre, wenn wir doch nur Zeit dafür hätten oder wüssten, was wirklich helfen könnte. Wir haben ja schon so vieles ausprobiert…. Also lassen wir vielleicht lieber alles beim alten, denn Altgewohntes fühlt sich wenigstens vertraut an und ist daher auf den zweiten – von Bequemlichkeit verhängten – Blick gar nicht so schlecht?

Dieses Gewohnte ist also tief in uns verwurzelt und scheint unabänderlich in unser Leben eingefahren zu sein. Genau das wollen wir uns zunutze machen. Wir wollen Gewohnheiten in uns schaffen, die uns gut tun und letztlich wie selbstverständlich die Gewohnheiten ersetzen, die uns bisher daran gehindert haben, unser volles Potential zu entfalten. Um dies zu erreichen, ist es wichtig, diese »neuen« Gewohnheiten dort entstehen zu lassen, wo sich die »alten« Gewohnheiten am hartnäckigsten zeigen und wo sie in der Regel auch über die alltägliche Wiederholung angelegt wurden: im Alltag.

Denn wahrscheinlich wissen Sie: In einem geschützten und entspannten Rahmen können wir leicht eine völlig andere Seite von uns zeigen. Doch wehe, wenn es wieder zurück in den früheren Trott geht und die nächste Herausforderung um die Ecke biegt, wie schnell landen wir dann wieder in unseren alten Mustern und Gewohnheiten, und all die guten Vorsätze, die wir gefasst hatten, sind wie weggeblasen.

In der Routine, die uns allzeit begleitet, im Alltäglichen haben wir all das eingeübt und üben wir weiter ein, was uns krank macht. Und gerade deshalb können wir auch hier im Alltag das einüben und erleben, was uns gesund macht. Ich werde grundlegende Themen wie Haltung, Atmung, Wohlgefühl, Wachheit und Klarheit, Lebenssinn, Lebensaufgabe und Lebensweg ganz praktisch in Ihren Alltag einfließen lassen, damit Sie gleich an Ort und Stelle neue Impulse einbringen können, die es Ihnen ermöglichen, sich auf neue Reaktionen einzustimmen und zu festigen. Es geht um die Machbarkeit im alltäglichen Leben und nicht um eine Extra-Schonzeit, denn Sie sollen sich diese Schonzeit auch im Alltag geben können. Besonders, wenn es uns nicht gutgeht, ist es wichtig, mit unserer Energie so hauszuhalten, dass wir diese nicht unnötig verschwenden oder gar ins Minus geraten. Gerade, wenn wir bereits geschwächt sind, ist der Kraftaufwand, um unnötig verschwendete Energie wieder aufzubauen, schwerer zu mobilisieren. Lassen wir es also gar nicht erst so weit kommen.

Die einzige Voraussetzung ist Ihre Bereitschaft, sich darauf einzulassen, sowie das, was Sie können, auch wirklich zu tun. Und verinnerlichen Sie mehr und mehr, dass bei dem, was ich Ihnen hier aufzeige, Sie weder sich selbst noch jemand anderen gegenüber etwas beweisen müssen. Es genügt, wenn Sie aufrichtig zu sich sind und Ihnen diese Ehrlichkeit sich selbst gegenüber immer leichter fällt. Wir meinen viel zu oft, vorgeben zu müssen, jemand zu sein, der wir gar nicht sind. Es ist zwar einerseits gut in einer aufgeklärten, wohlhabenden, informierten Gesellschaft leben zu können, andererseits kann dadurch der Druck steigen, auch Teil dieser erfolgreichen Gesellschaft zu sein.

Leider übersehen wir dabei oft, dass sich Erfolg für jeden einzelnen individuell definiert und nicht, wie häufig von außen vermittelt, einem bestimmten Schema entsprechen muss. Jeder einzelne von uns hat die Möglichkeit, sich auf seine Art und Weise zu entfalten, wenn er sie denn auch nutzt.

Unsere ureigenen Qualitäten sowie unsere Gewohnheiten mögen uns mehr oder weniger präsent und klar sein. Um diese in unser Bewusstsein zu rücken, wollen wir ins Tun kommen. Denn nur über das Erkennen des Ist-Zustands können wir, wenn sinnvoll, über diesen hinauswachsen. Körper, Geist und Seele – also Sie als Mensch in seiner Fülle – sind hierfür Ihre Werkzeuge. Gerade weil unser Körper und unsere Emotionen so naheliegende anschauliche Werkzeuge sind und uns sehr plastisch – ohne im Vorfeld ein musterbeladenes Gedankenkonstrukt aufzubauen – vieles bewusst machen können, lernen wir im folgenden über das Tun und Beobachten unseres Körpers und Befindens uns selbst auf allen Ebenen immer besser kennen. In uns gefestigt, schenken wir dann auch weiteren Wahrnehmungen die entsprechende Beachtung.

Haltung

Grundhaltungen
Liegen
Sitzen
Stehen

Äußerlich wie innerlich,
zentriert und aufrichtig
im Leben stehen

Grundhaltungen

auf CD   Übung zur eigenen Haltung

In diesem Moment, wenn Sie diese Zeilen lesen, haben Sie bereits eine bestimmte Haltung eingenommen. Sitzen Sie, liegen Sie oder stehen Sie? Egal in welcher Haltung Sie gerade sind, beobachten Sie sich in dieser Position. Wie fühlt sie sich an?
  Ist es bequem?
  Spüren Sie in sich hinein.
  Wie sitzen, liegen oder stehen Sie?
  Wenn Sie sitzen: Sitzen Sie wirklich, oder sind Sie innerlich schon am Aufstehen oder Zusammensacken?
  Wenn Sie liegen: Genießen Sie es, wach dazuliegen, oder würden Sie am liebsten einschlafen, oder verspüren Sie den Drang, sich aufzurichten?
  Wenn Sie stehen: Stehen Sie, oder sind Sie bereits am Loslaufen, nach vorne weg oder hinten zurück; stehen Sie, oder fallen Sie in sich zusammen? Beobachten Sie ganz genau, was Ihnen Ihre Haltung gerade mitteilen möchte.

Dann schauen Sie noch genauer hin:
  Ist Ihr Rücken gerade? Sind Ihre Schultern entspannt? Neigen Sie in irgendeine Richtung, sei es nach links oder rechts, vorne oder hinten? Oder sind Sie völlig mittig? Wenn Sie sitzen oder stehen: Was machen Ihre Füße? Haben Sie festen Kontakt zum Boden? Wenn Sie liegen: Fühlen Sie, wie Ihr Körper fest am Boden liegt? Wo sind die Arme und Hände? Hängen oder liegen sie locker entlang des Körpers? Und wie halten Sie Ihren Kopf? Zeigt das Kinn eher nach unten Richtung Brust oder nach oben Richtung Himmel? Oder ist Ihr Kopf einfach zentriert und der Blick in Augenhöhe nach vorne gerichtet? Wie fühlt sich der Nacken an? Ist er entspannt? Wie

fühlt sich Ihr Gesicht an? Sind die Gesichtsmuskeln locker? Wangen, Lippen, Ober- und Unterkiefer entspannt?

Beobachten Sie sich ganz genau in Ihrer momentanen Haltung, und vielleicht können Sie gar nicht anders, als die Haltung so zu ändern, dass Sie sich besser fühlen? – Dann tun Sie es. Sei es, dass Sie nur kleine Korrekturen vornehmen, sich mehr entspannen. Sei es, dass Sie eine völlig andere Haltung einnehmen. Fühlen Sie dann den Halt, den Ihnen Ihre Haltung gerade gibt.

Wenn es Ihnen schwerfällt wahrzunehmen, wie sich Ihr Körper in der momentanen Haltung anfühlt, dann versuchen Sie, sich weiter zu beobachten und gehen Sie zum Anfang zurück. Stellen Sie fest, ob Sie sitzen, liegen oder stehen, und betrachten sich noch einmal wie eben beschrieben. Sie können auch einen Spiegel zu Hilfe nehmen.

Zur Haltung allgemein

Allein dieses bewusste Anschauen unserer Haltung, kann uns Aufschluss darüber geben, wie es uns gerade geht und wie wir unsere äußere Haltung korrigieren können, damit es uns leichter fällt, unsere innere Haltung neu auszurichten. Denn wie wollen wir aufrichtig, vorwärtsschauend, konzentriert und in unserer Mitte leicht durch unser Leben gehen, wenn wir gebeugt, den Blick nach unten gerichtet, die Stirn in Falten und die Schultern hochgezogen schweren Schrittes unser Leben erdulden.

Wir *sind* also diese augenblickliche Haltung. In »Haltung« steckt das Wort »Halt«. Zum einen im Sinne von »anhalten« oder »innehalten« und zum anderen im Sinne von »Halt«. Halten wir also inne, um den Halt, den uns die Haltung gibt, näher zu betrachten.

Wenn uns unsere Haltung Halt schenken kann, dann sehen wir gleich, welch großen Einfluss die Haltung, die wir einnehmen, auf unser Befinden hat. Und ganz gleich, was wir im Alltag gerade tun: Wir nehmen immer eine Haltung ein, und indem wir ihr immer wieder unsere Aufmerksamkeit schenken, können wir unsere Haltung so ausrichten, dass sie uns in allem stärkt und nicht schwächt. Sie alle kennen sicherlich den Ausspruch: Jemand hat »Haltung bewahrt«, »Haltung gezeigt«. Dies rührt von einer aufgerichteten zentrierten Haltung, die dafür sorgt, dass wir weder im Tal der Tränen noch im himmelhohen Jauchzen unsere Stabilität, unseren Halt, den Boden unter den Füßen verlieren, sondern schnell wieder in die Mitte finden oder gleich dort bleiben.

Unsere Haltung sendet zum einen Signale an unsere Emotionen und unseren Geist, zum anderen empfängt sie Signale vom Geist und unserem Innenleben und bringt sie zum Ausdruck. Wir verkörpern, was wir denken und fühlen, oder wir denken und fühlen, was wir verkörpern – bei beidem wirken wir glaubwürdig. In dem Augenblick, in dem wir uns verstellen und etwas anderes zum Ausdruck bringen als das, was wir gerade fühlen und denken, werden wir unsicher, sind nicht mehr echt, nicht mehr authentisch.

Nun möchte ich Sie bewusst unterschiedliche Haltungen einnehmen lassen. Diese Grundhaltungen dienen zum einen als Ausgangspositionen für sämtliche Übungen, und zum anderen sind es eben die Haltungen, die uns Tag und Nacht in unterschiedlicher Art und Funktion begleiten. Wir liegen, sitzen, stehen und wollen das, was für uns im Alltag selbstverständlich ist, nun bewusst tun: *Wie* liegen, sitzen oder stehen wir, wie können wir eine für uns gute Haltung einnehmen? In welcher Haltung können wir für eine längere Dauer bequem sein, was macht diese Haltung mit uns? Dabei müssen Sie nicht alle Haltungen einnehmen können. Tun Sie das alles Ihren Möglichkeiten entsprechend. Wenn etwas gar nicht geht, können Sie in der für Sie möglichen Haltung die Übung sogar »nur« mental ausführen. Allein dadurch, dass Sie die

Haltungen bewusst wahrnehmen, schenken Sie sich bereits die Würde, Anmut und Schönheit, die in Ihrer Seele schon vorhanden ist.

Liegen

Mit der liegenden Haltung verbinden wir Schlafen, Ausruhen, Entspannen, sei es auf geistiger oder auch körperlicher Ebene. Es ist eine Haltung, die uns in diesem Tun unterstützt, weil wir wenig Energie benötigen, um andere Funktionen auszuführen.

Haltung Liegen

auf CD

Ausgangsposition:
Liegen auf dem Rücken

Kommen Sie auf der Unterlage, auf der Sie sich hinlegen wollen, zum Sitzen, strecken Sie die Beine nach vorne aus, machen Sie Ihren Rücken rund, ebenso den Nacken, bringen Sie dabei das Kinn Richtung Brust und rollen Sie den Rücken und Nacken langsam Wirbel für Wirbel hinab zum Boden.

Am Boden angekommen, liegen Sie völlig ausgestreckt da: Die Beine sind ausgestreckt und gerade, die Arme liegen ebenso gerade entlang des Körpers am Boden, der Kopf ist zentriert und so ausgerichtet, als wenn Sie geradeaus zur Decke schauen würden. Die Schultern liegen entspannt am Boden. Sollten Sie so flach am Boden liegend, insbesondere im unteren Rücken, Einschränkungen spüren, können Sie sich eine Rolle oder ein Kissen unter die Kniekehlen schieben, damit der Rücken leichter flach am Boden liegen kann. Wenn nötig, können Sie sich auch ein Kissen unter den Kopf legen.

Wenn Sie Ihre Grundhaltung gefunden haben, fühlen Sie nochmals in sich hinein, ob Sie für eine Weile regungslos in dieser Haltung bequem liegen können. Wenn nein, passen

Sie die Haltung nochmals an, wenn ja, genießen Sie es dazuliegen.

Um sich nach einer Weile schonend zu erheben, nehmen Sie den linken Arm nach oben und legen ihn nach hinten ausgestreckt am Boden ab. Ziehen Sie das rechte Bein heran, der rechte Fuß ist dabei aufgestellt, und drehen Sie sich über die linke Seite auf den Bauch. Stützen Sie Ihre Hände rechts und links von Ihren Schultern am Boden auf, heben Sie dann achtsam den Oberkörper, kommen Sie in den Vierfüßlerstand und von da wieder in die sitzende Ausgangsposition.

Ausgangsposition:
Liegen auf dem Bauch

Abrollen in die Rückenlage
Bildabfolge auf Seite 41-42

Zunächst kommen Sie zum Sitzen, die Beine sind nach vorne ausgestreckt. Rollen Sie dann Wirbel für Wirbel hinunter auf den Rücken. Wenn Sie in der Rückenlage angekommen sind, nehmen Sie den linken Arm nach oben und legen ihn nach hinten ausgestreckt am Boden ab. Ziehen Sie das rechte Bein heran, der rechte Fuß ist dabei aufgestellt, und drehen Sie sich über die linke Seite auf den Bauch.

Nutzen wir die Bauchlage als Ausgangsposition für andere Übungen, dann setzen wir das Kinn am Boden auf und legen in der Regel die Arme seitlich entlang des Körpers ausgestreckt am Boden ab.

In einer entspannenden Form der Bauchlage, die wir nun einnehmen möchten, legen Sie Ihre Arme vor sich so übereinander, dass das rechte Handgelenk des angewinkelten Unterarms auf dem linken Handgelenk des anderen angewinkelten Unterarms liegt und legen darauf die Stirn, den Nacken völlig entspannt. Die Beine sind ausgestreckt und leicht geöffnet.

Haltung Liegen

Aufrichten zum Sitzen
Bildabfolge auf Seite 42-43

In dieser Haltung können Sie dann mit Ihren Füßen etwas spielen, indem Sie folgendes ausprobieren: Lassen Sie die Fersen nach außen fallen und die Fußspitzen nach innen zeigen und fühlen Sie in diese Haltung. Und danach andersherum: Lassen Sie die Fußspitzen nach außen und die Fersen nach innen schauen. Fühlen Sie in beide Möglichkeiten hinein und beobachten Sie dabei insbesondere Ihren Rücken.

In einer weiteren Variante ziehen Sie jeweils ein abgewinkeltes am Boden bleibendes Bein etwas hoch und fühlen dann in Ihren Rücken. Führen Sie dies mit beiden Seiten aus und genießen Sie die entspannende Wirkung auf Ihren Rücken.

Wenn Sie sich wieder aufrichten möchten, kommen Sie zunächst in die Ausgangsposition in der Bauchlage, in welcher Sie das Kinn am Boden aufgestützt haben und die Handflächen neben den Schultern aufsetzen, legen dann den Kopf ganz leicht und sanft in den Nacken und richten sich langsam den Oberkörper hebend auf, kommen in den Vierfüßlerstand und von da wieder zum Sitzen.

Ausgangsposition: Liegen auf der Seite

Krankheits-, alters- oder auch schwangerschaftsbedingt kann es notwendig sein, dass Sie im Liegen die Seitenlage einnehmen.

Ich beschreibe hier, wie Sie auf der rechten Seite liegend zum Boden kommen können, da wir zunächst vorzugsweise auf dieser Seite liegen möchten, um das Herz zu entlasten. Sollte diese Seite für Sie nicht machbar sein, können Sie die andere Seite nehmen.

Kommen Sie auf der Unterlage, auf der Sie sich seitlich hinlegen möchten, zum Sitzen und drehen Sie sich dabei bereits schwerpunktmäßig auf die rechte Körperseite, das heißt: Das rechte Bein liegt mit der rechten Außenseite am Boden, das linke leicht überlappend darüber, die rechte Gesäßhälfte berührt den Boden. Sie stützen sich auf den rechten Arm ab und lassen sich dann behutsam auf die rechte Seite hinuntergleiten bis Sie am Boden liegen.

Damit Sie in der Seitenlage nicht »umkippen«, können Sie Ihre linke Hand vor Ihrem Oberkörper leicht und entspannt aufsetzen, um bequem die Balance halten zu können.

Wenn es Ihnen möglich ist, liegen Sie trotz Seitenlage möglichst ausgestreckt da: Die Wirbelsäule ist gerade, der Kopf liegt gerade auf Ihrem rechten Arm, die Beine liegen ausgestreckt übereinander oder sind leicht angewinkelt.

Es kann sinnvoll sein – beispielsweise, wenn Sie schwanger sind – ein Kissen zwischen die Knie zu schieben.

Letztlich sollte die Haltung wie selbstverständlich für eine längere Dauer bequem zu halten sein. Achten Sie vor allem darauf, dass Ihr Atem frei fließen kann.

Wenn Sie aus der Seitenlage wieder hochkommen möchten, führen Sie alles in umgekehrter Reihenfolge aus. Das bedeutet: Falls Ihre Beine ausgestreckt waren, winkeln Sie diese wieder an, ebenso Ihren rechten Arm. Ihre linke Hand ist vor Ihnen am Boden aufgesetzt.

Nun stützen Sie sich auf der rechten Hand auf und helfen sich, Ihren Oberkörper langsam aufzurichten.

Oben angekommen, drehen Sie sich nach vorne, so dass beide Gesäßhälften gleichmäßig den Boden berühren und sitzen aufgerichtet und entspannt am Boden.

Sitzen

Mit Sitzen verbinden wir sogleich am Tisch sitzen und essen, am Schreibtisch sitzen, im Auto sitzen und vieles mehr. Wir sind sitzend tätig, und wir verbinden mit dem Sitzen eine überwiegend geistig wache Haltung.

Haltung Sitzen

auf CD

Ausgangsposition:
Sitzen auf einem Stuhl

Wählen Sie die Sitzgelegenheit so, dass Sie aufrecht sitzend mit den Fußsohlen bequem vollständig den Boden berühren können. Sie können auch eine gefaltete Decke oder ein Buch unter die Füße legen, damit die Fußflächen ganz aufliegen. Sie sitzen bequem auf der von Ihnen gewählten Sitzfläche, Ihre Wirbelsäule ist gerade, der Kopf ist zentriert und so ausgerichtet, als wenn Sie genau in Augenhöhe geradeaus schauen würden, die Schultern sind entspannt, und Ihre Hände liegen bequem in Ihrem Schoß oder auf Ihren Oberschenkeln.

Ausgangsposition:
Sitzen auf dem Boden

In der Regel verbringen wir viel Zeit im Sitzen auf – egal welcher Sitzgelegenheit – die Beine nach unten hängend. Setzen Sie sich nun auf den Boden in eine Position, von welcher wir auch andere Sitzhaltungen einnehmen können:

Die Beine sind nach vorne ausgestreckt, möglichst gerade und am Boden liegend, und der Oberkörper ist aufgerichtet, der Kopf ist wie immer zentriert und geradeaus gerichtet, die Schultern sind entspannt, die Arme hängen locker zu den Seiten und die Handflächen berühren den Boden.

Aus dieser primären Sitzhaltung heraus können wir folgende Positionen einnehmen:

Haltung Sitzen

auf CD

Fersensitz

Auf dem Boden in gerade beschriebener Grundposition sitzend, schlagen Sie die Unterschenkel unter und kommen auf Ihre Knie. Von diesem Kniestand aus setzen Sie sich mit Ihrem Gesäß auf Ihre Fersen. Dabei liegen die Oberschenkel und die Füße aneinander, zwischen den Fersen lassen Sie etwas Luft. Wenn Sie jetzt das Gefühl haben, dass das nicht möglich ist, weil der Rist zu sehr spannt, die Beine oder die Knie es nicht zulassen, der Druck, die Spannung zu groß sind, dann gehen Sie nur so weit in die Haltung, wie es gerade geht. Kommen Sie wieder heraus, strecken Sie die Beine wieder nach vorne aus und entspannen Sie Beine und Füße, bevor Sie es nochmals kurz versuchen. Wenn keine gesundheitlichen Belange dagegen sprechen, können Sie dies einige Male wiederholen, bis es Ihnen immer leichter fallen wird.

Zur Erleichterung können Sie anfangs auch ein kleines Kissen oder gefaltetes Handtuch unter die Sprunggelenke legen und/oder ...

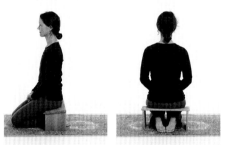

… ein weiteres Kissen zwischen Ober- und Unterschenkel schieben. Oder Sie nehmen ein größeres Kissen oder eine stabile Nackenrolle zwischen die Füße und setzen sich darauf. Zu beachten ist, niemals so lange in der Haltung zu verharren, bis die Beine eingeschlafen sind, sondern rechtzeitig den Sitz zu lösen, die Beine zu entspannen, um unter Umständen erneut in die Haltung zu gehen. Eine sehr entlastende Möglichkeit bietet ein Sitzhocker mit leicht nach vorne geneigter Sitzfläche, welchen Sie unter das Gesäß schieben, so dass Sie anstatt auf den Fersen auf dem Hocker sitzen und die Füße und Beine dadurch nicht belastet sind.

Es lohnt sich, sich mit dem Fersensitz anzufreunden, da Sie sich durch diese Haltung automatisch auf eine gute Art und Weise ausrichten. Die Lungen sind frei und offen, und der Atem kann ungehindert ein- und ausströmen.

Schneidersitz

Eine andere Möglichkeit ist der Schneidersitz, bei dem Sie die Beine im Sitzen kreuzen und die Knie nach außen fallen lassen. Nehmen Sie dabei beim Kreuzen der Beine sowohl zunächst das rechte als auch das linke Bein nach innen. Da bei diesem Sitz die Gefahr besteht, die Schultern nach vorne einfallen zu lassen und im Rücken einzusinken, kann es hilfreich sein, wenn Sie sich ein Kissen oder eine Decke unter das Gesäß schieben, damit eine gut aufgerichtete Haltung leichter fällt.

Stehen

Stehen erleben wir entweder als statische Haltung, in der wir im Stehen etwas tun und dabei auf der Stelle stehen bleiben, oder als vorbereitenden Übergang in eine Bewegung, beispielsweise wir stehen auf oder stehen bereits und gehen wohin. Im Stehen erleben wir uns in voller Größe, die Füße am Boden, die Wirbelsäule aufgerichtet, den Kopf in den Himmel ragend. Zusätzlich zur Wachheit verbinden wir mit dem Stehen Tatkraft, die Bereitschaft Schritte nach vorne zu gehen.

auf CD

Ausgangsposition:
Stehen

Stehen Sie nun ganz bewusst auf Ihren zwei Füßen, die möglichst nah beieinander sind. Ihr Oberkörper ist aufgerichtet, von der Basis der Wirbelsäule bis hoch in den Nacken, der Kopf ist zentriert und so ausgerichtet, als würden Ihre Augen geradeaus in die Ferne blicken, die Schultern sind parallel und entspannt, die Arme hängen locker zu den Seiten.

Sie fühlen, wie Sie Ihr Gewicht auf beide Füße gleichmäßig verteilt haben, und Sie stehen völlig mittig – neigen weder nach rechts noch nach links, weder nach vorne noch nach hinten.

Wenn Sie einmal so dastehen, können Sie dieses Aufgerichtetsein durch folgendes vertiefen: Fühlen Sie, wie sowohl Zehen und Fersen als auch Fußinnen- und -außenkanten gleichmäßig am Boden sind. Strecken Sie Ihre Knie, ohne sie zu überstrecken, drücken Sie ganz bewusst die Oberschenkel leicht zusammen, ziehen Sie die Gesäßmuskeln etwas an, machen Sie Ihre …

… Wirbelsäule lang, öffnen Sie Ihren Brustkorb, entspannen und senken Sie die Schultern, lassen Sie Arme und Hände entspannt zu den Seiten hängen, machen Sie den Hals lang, halten Sie den Kopf gerade, das Kinn parallel zum Boden und entspannen Sie das Gesicht.

Fühlen Sie, wie Sie in dieser bewusst leicht angespannten Haltung gut stabilisiert sind, um dieses Stehen als sichere Ausgangsposition für sämtliche Übungen im Stehen nutzen zu können. Lassen Sie dann die Spannung in Oberschenkeln und Gesäß behutsam so nach, dass Sie in der Wirbelsäule weiterhin stabil und gerade bleiben.

Beobachten Sie sich und genießen Sie diesen festen zentrierten Stand. Sie stehen wie fest verwurzelt und sind nach oben offen und beweglich – so wie ein Baum mit seinen Wurzeln verankert ist und sich in seiner Krone entfaltet.

Nach einer Weile lösen Sie die Haltung auf, indem Sie ein wenig Ihre Füße und Beine schütteln und umhergehen.

Haltung im Alltag

Sie haben nun in aufeinanderfolgenden Übungen ganz bewusst das Liegen, Sitzen und Stehen wahrgenommen und verschiedene gute Grundhaltungen eingenommen. Doch wie transportieren Sie diese in den Alltag? Die Beispiele, die ich Ihnen im folgenden nenne, sollen Ihnen eine Vorstellung für einen spielerischen Umgang mit Ihrer Haltung im Alltag geben.

Liegen im Alltag

Spätestens, wenn Sie abends im Bett liegen, können Sie sich, falls Sie nicht sofort einschlafen, leicht die Zeit nehmen, sich beim Liegen anzuschauen. Ist es Ihnen danach, alle Viere von sich zu strecken, rollen Sie sich eher wie ein Embryo im Mutterleib zusammen, stecken Sie den Kopf ins Kopfkissen, ziehen Sie sich die Decke über den Kopf, sind Sie verspannt, schmerzt der ganze Körper von der Anstrengung des Tages, macht sich sonst irgendein »Zipperlein« bemerkbar?

Betrachten Sie sich völlig wertfrei beim Liegen und spüren Sie in die entsprechende Haltung hinein, was diese Ihnen für ein Gefühl gibt. Falls Sie nicht bereits in einer solchen liegen, nehmen Sie dann ganz bewusst eine der oben beschriebenen Positionen im Liegen ein und beobachten Sie, wie sich diese im Vergleich dazu anfühlt. Spüren Sie die gerade Wirbelsäule, richten Sie Ihren Körper aus und lassen Sie bereits über dieses Neu-Ausrichten Spannungen los. Genießen Sie es, dazuliegen. Wenn Ihnen danach ist, etwas zu bewegen, gehen Sie dem nach. Wenn Sie sich ein Kissen unter die Knie schieben möchten, um den unteren Rücken zu entlasten, tun Sie es. Ihre Nachtruhe und/oder Ihr Mittagsschläfchen werden eine ganz neue Qualität erhalten.

Sitzen im Alltag

Beobachten Sie einmal genau, wie viel Zeit Sie täglich im Sitzen auf einer Sitzgelegenheit verbringen, sei es Stuhl, Sessel, Autositz und viele mehr. Gerade Menschen, die eine sitzende Tätigkeit ausüben oder aufgrund körperlicher Einschränkungen viel Zeit im Sitzen verbringen, wissen manchmal nicht mehr, wie sie sitzen sollen, damit es erträglich ist. Gerade dann ist es gut, wenn Sie zum einen für Ausgleich zum Sitzen sorgen und zum anderen Ihre Haltung im Sitzen überprüfen. Vielleicht haben Sie nicht gleich die Möglichkeit, einen Spaziergang zu machen, dann stehen Sie doch wenigstens für eine kurze Weile, so wie ich zuvor die Haltung im Stehen beschrieben habe: fest verwurzelt, aufgerichtet und nach oben leicht, locker und offen wie ein Baum. Und wenn Sie sitzen, dann setzen Sie sich »auf«. Eventuell macht es Sinn, die Sitzgelegenheit so zu verändern, dass Sie die Fußflächen am Boden aufsetzen und mit geradem Rücken bequem aufgerichtet sitzen können.

Natürlich gibt es manchmal kaum etwas Schöneres, als sich auf das Sofa zu lümmeln, und wenn gerade das für die Entspannung sorgt, die Ihnen guttut, wunderbar. Sie könnten es sich natürlich im Schneidersitz auf Ihrem Sofa ebenso bequem machen. Wenn Sie Kinder haben, die auf dem Boden spielen und Sie dazu einladen, können Sie die Gelegenheit nutzen und sich – sei es im Fersensitz, Schneidersitz oder wie auch immer – hinzugesellen, damit die Beine eben mal nicht nach unten hängen.

Sollten Sie auf sämtlichen Stühlen oft zusammensinken und wie ein »Fragezeichen« dasitzen, können Sie Ihre Haltung immer wieder bewusst neu ausrichten. Sie schenken sich und Ihrem Gegenüber eine völlig andere Präsenz.

Stehen im Alltag

Sicher kennen Sie auch diese Aussprüche: »Der oder die stellt sich gut, steht in der Gunst von …, hat einen guten Stand bei … . Verinnerlichen Sie dieses zentrierte, aufgerichtete Stehen, dann können auch Sie einen guten Stand im Leben haben, und nichts und niemand wird Sie so schnell umwerfen.

Es gibt viele Gelegenheiten, das Stehen zu üben: Im Laden in der Schlange vor der Kasse stehen, eine stehende Tätigkeit ausüben, im Stehen auf jemanden warten und vieles mehr. Beobachten Sie sich beim Stehen. Gerade wenn Sie das Gefühl haben, dass Sie sich beim Einkaufen vor der langsamsten Kasse angestellt haben und warten, können Sie diese Zeit nutzen, ganz bewusst hinzustehen. Und wie stehen Sie? Es kann sich so erleichternd anfühlen, das Gewicht gleichmäßig auf beide Füße verteilt, die Knie locker, die Wirbelsäule gerade, die Schultern entspannt und den Kopf zentriert dazustehen, dass Sie bequem noch länger an der Kasse anstehen könnten. Wie oft steht gerade jemand mit einem Kind an der Kasse, das dankbar zurücklächelt, wenn wir ihm ein Lächeln schenken, oder eine ältere Dame freut sich über ein paar freundlich gewechselte Worte. Mit welch anderer Stimmung und Haltung gehen wir danach unseres Weges, wenn wir solche kurzen Glücksmomente erlebt haben.

Achtsame Haltungsänderungen im Alltag

Aus den Beschreibungen der einzelnen Haltungen konnten Sie bereits entnehmen, wie Sie achtsam zum Liegen und wieder aus dem Liegen heraus gelangen können. Diese Achtsamkeit gilt es selbstverständlich auch in den Momenten zu üben, wenn wir etwas vom Boden aufheben möchten und anstatt uns kurz nach vorne zu beugen, zunächst in die Knie gehen, um die Wirbelsäule zu schonen. Oder wir plappern beim Tragen von schwerer Last nicht munter vor uns hin, sondern lassen unseren Atem möglichst ruhig weiter fließen, darauf achtend, dass wir die Last nah am Körper tragen, um möglichst leicht mit dieser Last umzugehen. Und wenn wir bemerken, dass für uns eine Last allein zu schwer ist, findet sich sicherlich eine hilfsbereite Person, die diese mit uns teilt.

Wenn Sie sich nicht sicher sind, wie es in einzelnen Momenten gut für Sie ist, sich zu bewegen, können Sie sich auf jeden Fall nach Ihrem Atem ausrichten. Denn bestenfalls bleibt Ihr Atem im Fluss, Sie kommen nicht gleich außer Atem, und trotz Anstrengung haben Sie das Gefühl, dass Sie das ganze gerade »leicht schultern«, »ohne zu buckeln« bewältigen und »alles rund läuft«. Über einen fließenden Atem bleiben Sie insgesamt entspannter, sind wacher und konzentrierter und dadurch achtsamer. Dasselbe gilt bei Bewegungsabläufen wie Treppensteigen, dem Auf- und Absteigen einer Leiter oder Besteigen eines Hockers und beim ganz normalen Gehen, bei denen kleine Unachtsamkeiten schwerwiegende Folgen haben können.

Schlussbetrachtung

Die Grundhaltungen im Alltag können nur Beispiele sein. Beobachten Sie individuell, welche Haltung in Ihrem Alltag eventuell einen Schwerpunkt darstellt, und erinnern Sie sich regelmäßig daran, Ihre Haltung zu überprüfen. Schauen Sie ruhig genau hin, was welche Haltung mit Ihnen macht. Das Schöne ist, dass Sie lediglich die Aufmerksamkeit – oft nur für Sekunden – darauf richten brauchen, damit Sie, entsprechend der Rückmeldung, eine für Sie gute und sinnvolle Haltungsänderung vornehmen können. Und wenn Ihnen Ihre persönliche gute Haltung in Fleisch und Blut übergegangen ist, dann werden Sie auch in kritischen, herausfordernden Situationen Ihre Haltung äußerlich und innerlich mehr und mehr bewahren können.

Dafür spielt allerdings nicht nur die Haltung eine Rolle, sondern gleichermaßen die Atmung. Wobei wir über unsere Haltung unsere Atmung grundlegend beeinflussen können. Denn nur in einer aufgerichteten, entspannten, offenen Haltung können wir das Potential unserer Atmung in seiner Fülle nutzen.

Atmung

Die Verbundenheit mit
und
den Zugang zu
Himmel und Erde
erleben

Atmung

auf CD   Übung für den Atem

Zunächst möchte ich Sie mit dem Atem etwas vertraut machen. Nehmen Sie eine gute aufgerichtete Haltung ein, in der Sie ungehindert den Atem ein- und ausströmen lassen können. Empfehlenswert ist hierfür der Fersensitz. Ansonsten können Sie die Übung, wie im Kapitel »Haltung« beschrieben, auf einem Stuhl sitzend oder auch wunderbar im Liegen, dann bestenfalls auf dem Rücken, sonst auf der Seite liegend, ausführen.

Sobald Sie sich in einer Haltung wohlfühlen, wenden Sie sich bewusst dem Atem zu. Beobachten Sie, wie Sie einatmen und wie Sie ausatmen. Wie atmen Sie ein und wie atmen Sie aus? Beobachten Sie ganz genau. Atmen Sie durch die Nase oder durch den Mund ein, atmen Sie durch die Nase oder durch den Mund aus? Atmen Sie gleichmäßig ein und aus? Können Sie frei durchatmen? Bleiben Sie trotz des genauen Beobachtens ganz ruhig in Ihrem Atem.

Wenn Sie für eine Weile so den Atem beobachtet haben, lenken Sie Ihre Aufmerksamkeit auf die Nase und lassen mit einer Einatmung frische, energiegeladene Luft durch Ihre Nase einströmen, hinein in den Rachenraum und über die Luftröhre hinunter in die Lungenflügel. Stellen Sie sich Ihre Lungenflügel wie Blasebälge vor, die sich beim Einatmen füllen und ausdehnen von unten über die Mitte bis oben, rundherum. Wenn die Blasebälge beginnen, wieder flacher zu werden, geht auch die nun verbrauchte Atemluft aus den Lungen von unten, über die Mitte, nach oben rundherum wieder hinaus, strömt nach oben zurück in den Rachenraum und über die Nase hinaus aus Ihrem Körper.

Sie atmen auf diese Weise tief und vollständig und entspannt ein und aus, genießen den Atem. Achten Sie darauf, dass der Atem entspannt und leicht fließt. Sobald Sie das Gefühl bekommen, dass Sie das bewusste Atmen anstrengt, lassen Sie den Atem ganz frei fließen, so wie dieser kommen und gehen mag. Letztlich wird es Ihnen immer leichter fallen, den Atem tief und gleichmäßig durch die Nase ein- und ausströmen zu lassen, und Sie werden spüren, wie der Atem erfrischt, erheitert, klärt und kräftigt. Denn über den Atem können Sie im wahrsten Sinne des Wortes Ihre Lebensgeister zu sich einladen.

Zum Atem allgemein

Völlig selbstverständlich atmet jeder von uns ein und aus. Wir können den Atem mit Leben gleichsetzen. Wir wissen welche fatale Wirkung es auf unser Gehirn und folglich auf sämtliche Funktionen unseres Organismus haben kann, wenn es für nur wenige Minuten nicht ausreichend mit Sauerstoff versorgt wird. Die überlebenswichtige Bedeutung des Atems geht jedoch über diese »körperliche« Komponente hinaus, was wir bemerken können, wenn uns der Atem vor Angst stockt, vor Aufregung der Atem kurz und flach wird, es uns die Kehle zuschnürt, wir keine Zeit zum Durchatmen haben, erleichtert aufatmen und vieles mehr.

Unser Atemfluss spiegelt demnach unser Befinden wider, und wir reagieren je nach Situation mit der entsprechenden Atmung. Das bedeutet im Umkehrschluss, dass wir unter anderem über unseren Atem bestimmen können, was eine Situation mit uns macht. Lassen wir es zu, dass uns der Atem stockt, dann werden wir die ängstliche Reaktion damit fördern, lassen wir es zu, dass wir uns keine Zeit zum Durchatmen nehmen, dann werden wir irgendwann nicht mehr durchatmen können und eine Zwangspause auferlegt bekommen. Wenn wir dagegen plötzlich wieder aufatmen können, kommt alles wieder in Fluss, wir fühlen uns erleichtert.

Doch hat es Sinn, unseren Atem bewusst einzusetzen? Manipulieren wir dadurch nicht unsere »natürliche Atmung« und greifen in etwas ein, in das wir nicht eingreifen sollten, denn nicht umsonst fließt unser Atem auch ohne unser Zutun ein und aus? Unseren Atem bewusst einzusetzen hat Sinn, und wenn wir unseren Atem achtsam und seiner eigentlichen Natur entsprechend fließen lassen, manipulieren wir ihn nicht, sondern schenken ihm die Aufmerksamkeit, die er benötigt, um zu gesunden. Das ist nötig, weil wir durch unsere moderne Lebensweise verlernt haben, tief, vollständig und gleichmäßig ein- und auszuatmen und unsere von Natur aus angelegte Atemkapazität und Atmungsweise tatsächlich zu nutzen.

Der Atem als Brücke

Kleidung atmet, Wände atmen, die Haut atmet… Wir sprechen hier von Atmen, weil ein Austausch stattfindet, etwas durchlässig ist, weil Atmen wie eine Brücke fungiert, verbindet. Auf uns bezogen bedeutet das unter anderem, dass wir nicht uns selbst genügen und ein in uns selbst abgeschlossenes System sind, sondern dass wir diesen Austausch benötigen – nicht nur wegen des Sauerstoffs, sondern vor allem wegen der Lebenskraft.

Mit einem ersten Atemzug erblicken wir das Licht der Welt, und mit einem letzten Atemzug verlassen wir die Erde. Während dieser Lebensspanne dient uns der Atem als Brücke von der manifestierten Erde zur feinstofflichen geistigen Welt. Denn über die Manifestation unseres Körpers sind wir zwar auf der Erde gebunden, jedoch über den Atem sind wir nach wie vor mit allem verbunden. Nicht umsonst ist der Atem überlebensnotwendig und nährt auch die kleinste Zelle unseres Körpers. Wir müssen diesen weder willentlich steuern, noch sind wir in der Lage, unserem Leben ein Ende zu setzen, indem wir beschließen, mit Atmen aufzuhören.

Der Atem fungiert als fest etablierte Nabelschnur und nährt uns auf allen Ebenen. Sobald wir uns unserem Atem zuwenden, werden wir uns selbst bewusster. Sei es, dass wir uns auf körperlicher Ebene besser spüren können, weil wir über bewusstes Atmen unseren Körper innerlich besser wahrnehmen können, seien es Emotionen, die wir über bewusstes Atmen lenken können und uns dadurch erden und aufrichten, oder sei es der Blick auf unsere Seele, auf unsere Existenz im Großen, die uns klarer wird. Wir sind mit allem verbunden, und über den Atem können wir diese Verbundenheit leichter in unsere materielle grobstoffliche Welt holen, wo wir und sämtliche Objekte nur vermeintlich voneinander getrennt sind.

| auf CD | Vertiefungsübung für den Atem |

Lassen Sie uns den Atem noch vertiefen: Nehmen Sie erneut eine gute, aufgerichtete, entspannte Haltung ein.

Etablieren Sie zunächst Ihren Atem. Lassen Sie Ihren Atem durch die Nase tief und gleichmäßig einströmen und ebenso durch die Nase genauso tief und gleichmäßig ausströmen. Atmen Sie einige Runden in Ihrem eigenen Rhythmus…

…während ich noch auf folgendes hinweisen möchte:

Wenn Sie während der Übung außer Atem kommen sollten oder das Atmen Sie zu sehr anstrengt, gönnen Sie sich eine Verschnaufpause und lassen Sie den Atem, so wie dieser es verlangt, weiter fließen. Sobald Sie wieder entspannt sind, nehmen Sie erneut die bewusste Atmung auf…

Überprüfen Sie nun nochmals Ihre Haltung. Die Schultern sind und bleiben völlig entspannt, die Gesichtsmuskeln sind locker, Ihre rechte flache Hand liegt auf dem Bauch, die linke flache Hand auf der Brust.

Dann fühlen Sie oder stellen sich vor, wie sich mit der Einatmung zunächst die Bauchdecke wölbt, sich dann der Brustkorb ausdehnt und sich zuletzt der Schlüsselbeinbereich hebt und mit der Ausatmung die Bauchdecke wieder flacher wird, der Brustkorb zusammengeht und sich der Schlüsselbeinbereich senkt. Dabei können Sie auch zum entsprechenden Zeitpunkt Ihre rechte Hand auf den Schlüsselbeinbereich nachziehen, um die Bewegung bis zu den Lungenspitzen zu begleiten.

Stellen Sie sich vor oder fühlen Sie, wie sich beide Lungenflügel füllen und wieder leeren, und genießen Sie es, deren Volumen zu nutzen. Öffnen Sie sich ganz für Ihren Atem, machen Sie sich weit und bleiben Sie ganz locker. Atmen Sie durch, atmen Sie auf. Mit jedem Einatmen erfrischen und vitalisieren Sie sich, mit jedem Ausatmen entspannen Sie sich und lassen los. Füllen Sie weiterhin Ihre Lungen vom unteren Bereich der Lungenflügel, über den mittleren Bereich bis zum oberen Bereich der Lungenflügel und verleihen Sie sich damit buchstäblich Flügel.

Und leeren Sie Ihre Lungen ebenso von unten über die Mitte nach oben und erden Sie sich darüber. Vielleicht hilft Ihnen das Bild eines Luftballons: Wenn der sich füllt, gewinnt er an

Leichtigkeit und schwebt, wenn er sich wieder entleert, sinkt er und kommt zur Erde. Sollten Ihre Arme und Hände mittlerweile schwer geworden sein, können Sie, falls nicht bereits geschehen, diese auch in den Schoß legen. Atmen Sie noch für ein paar Runden tief, vollständig und gleichmäßig ein und aus. Lassen Sie dann den Atem frei weiter fließen, ohne Einfluss darauf zu nehmen und beobachten Sie Ihren Atem jetzt.

Lösen Sie dann achtsam die Haltung, bewegen Sie sich langsam und gehen Sie vitalisiert sowie in tiefer Verbundenheit mit Himmel und Erde dankbar Ihres Weges.

Übung
Haltung und Atmung
Kombination

auf CD *»Mitten im Leben stehen und über sich hinauswachsen«*

Wir haben uns mittlerweile mit zwei grundlegenden Themen beschäftigt: Haltung und Atmung. Die folgende Übung kombiniert bereits zuvor ausgeführte Übungen für Haltung und Atmung in wunderbarer Weise. Bei dieser geht es zum einen darum, mit beiden Füßen fest auf dem Boden zu stehen, und zum anderen, verbunden, leicht, frei und offen für die Grenzenlosigkeit des Universums zu sein.

Stellen Sie sich nun ganz bewusst auf Ihre zwei Füße, die möglichst nah beieinander sind. Ihr Oberkörper ist aufgerichtet, von der Basis der Wirbelsäule bis hinauf in den Nacken. Der Kopf ist zentriert und so ausgerichtet, dass die Augen geradeaus in die Ferne blicken. Die Schultern sind parallel und entspannt, die Arme hängen locker zu den Seiten. Sie fühlen, wie sich Ihr Gewicht auf beide Füße gleichmäßig verteilt, und Sie stehen völlig mittig – neigen weder nach rechts noch nach links, weder nach vorne noch nach hinten.

Richten Sie dann Ihre Konzentration auf Ihren Atem und fühlen Sie, wie Ihr Atem gleichmäßig und stetig ein- und ausströmt. Genießen Sie diesen Atemfluss. So im Atemfluss dastehend, können Sie dieses »Aufgerichtet-Sein« durch folgendes vertiefen: Fühlen Sie, wie sowohl Zehen und Fersen als auch Fußinnen- und -außenkanten gleichmäßig am Boden sind, strecken Sie Ihre Knie, ohne diese zu überdehnen, drücken Sie ganz bewusst die Oberschenkel etwas zusammen, ziehen Sie die Gesäßmuskeln leicht an, machen Sie Ihre Wirbelsäule lang, öffnen Sie Ihren Brustkorb, entspannen und senken Sie die Schultern, lassen Sie Arme und Hände entspannt zu den Seiten hängen, machen Sie den Hals lang, halten Sie den Kopf gerade, das Kinn parallel zum Boden und entspannen Sie das Gesicht, insbesondere Ober- und Unterkiefer sind ganz locker.

Wenn Sie das Gefühl haben, aufgerichtet mit geradem Rücken dazustehen, lösen Sie unnötige Spannung der Muskulatur – lassen in den Oberschenkeln und im Gesäß los und fühlen Sie, wie Ihr Rücken nun auch in dieser entspannteren Form gerade bleibt. Sie können sich dabei vorstellen, wie Ihnen ein drittes Bein von der Basis der Wirbelsäule nach unten zum Boden wächst.

In dieser Haltung fühlen Sie wieder bewusst in Ihren Atem. Stellen Sie sich vor oder fühlen Sie, wie sich mit der Einatmung zunächst die Bauchdecke wölbt, dann der Brustkorb weitet und zuletzt sich der Schlüsselbeinbereich hebt und mit der Ausatmung die Bauchdecke wieder flach wird, der Brustkorb zusammengeht und sich der Schlüsselbeinbereich senkt. Fühlen Sie oder stellen Sie sich vor, wie Ihnen in der eben beschriebenen Reihenfolge einatmend zunächst Wurzeln wachsen bis tief in die Erde und Sie dadurch stabil und ruhig werden, sich dann Ihr Herz öffnet und Sie mit sich in Liebe sein dürfen und sich als nächstes in Ihrer ganzen Ausdehnung, in Ihrer Grenzenlosigkeit erfahren können.

Ausatmend geben Sie Schweres, Drückendes an die Erde ab, geben all das im Herzen frei, was Sie daran hindert, sich zu lieben, und lichten Sie den Schleier, der Ihren Blick für all das, was es noch wahrzunehmen gibt, zu trüben vermag. Atmen Sie weiter entspannt, tief und gleichmäßig ein und aus. Einatmend erden Sie sich, öffnen Ihr Herz und weiten Ihre Wahrnehmung, ausatmend lassen Sie Schweres gehen, befreien Ihr Herz und lichten den Nebelschleier über Ihrer Wahrnehmung. Führen Sie in diesem Sinne in Ihrem eigenen entspannten Atemrhythmus noch ein paar Runden aus.

Lassen Sie dann den Atem ganz frei fließen. Genießen Sie den festen zentrierten Stand, Sie stehen fest verwurzelt wie ein Baum in der Erde. Aus diesem sicheren bequemen Stand spüren Sie, von unterhalb der Fußsohlen ausgehend, die Füße, von da den gesamten Körper, den Sie langsam spiralförmig aufwärts wandern bis nach oben hin zum Kopf und über den Kopf hinaus. Sie nehmen sich – ganz so wie ein Baum, der sich nach oben hin in seiner Krone in voller Pracht entfaltet – in voller Größe, Schönheit und Anmut wahr. Und fühlen Sie, wie Sie gerade aufgrund Ihres sicheren Stands beweglich und leicht sind, so wie die feinen Äste und Blätter sich sanft vom Wind wiegen lassen oder gar einem heftigen Sturm trotzen. Das sind Sie wirklich, fühlen Sie es, genießen Sie es.

Nach einer Weile lösen Sie diese Haltung, indem Sie ein wenig Ihre Füße und Beine schütteln und umhergehen.

Atmung im Alltag

Je mehr Sie sich mit Ihrem Atem vertraut machen, desto einfacher gelingt es, diesen im Alltag auch ohne sich darüber den Kopf zu zerbrechen, genau so fließen zu lassen. Oft leben wir schon über Jahrzehnte mit einem eher brachliegenden Atem. Die Möglichkeiten, bewusstes Atmen mit dem Alltag zu verbinden, sind unbegrenzt, und ich möchte hier nur einige Beispiele geben.

Atmen beim Spaziergang

Beim Spazierengehen können wir Haltung und Atmung wunderbar miteinander verbinden. Achten Sie beim Gehen zunächst auf Ihre Haltung. Gehen Sie entspannt, aufgerichtet und locker Ihres Weges? Wenn nicht, dann korrigieren Sie Ihre Haltung. Anschließend beobachten Sie sich beim Atmen. Wie fließt Ihr Atem während des Gehens? Atmen Sie tief und vollständig durch die Nase ein und aus? Vergegenwärtigen Sie sich erneut Ihre Haltung und Atmung, wie in den Übungen ausführlich beschrieben. Wenn Sie sich auf den

Weg gemacht haben, können Sie gerne in Harmonie mit dem Gehen einen Rhythmus für Ihren Atem finden, so dass Sie das Gefühl haben, dass Ihr Atem Sie leicht und beschwingt gehen lässt. Schenken Sie sich ein inneres Lächeln und genießen Sie Ihren Spaziergang.

Atmen während einer Tätigkeit

Routinemäßige Tätigkeiten, die Sie fast wie im Schlaf ausführen können, geben Ihnen die Gelegenheit, auf Ihren Atem zu achten. Außer, dass Sie dadurch eine gute Atmung etablieren und diese mehr und mehr verinnerlichen, kommt hinzu, dass Sie sich vielleicht weniger verspannen und die Arbeit leichter von der Hand geht.

Bei Tätigkeiten, die volle Konzentration verlangen, neigen wir dazu, den Atem anzuhalten. Achten Sie einmal darauf, und falls Sie Ihren Atem anhalten, dann lassen Sie ihn gerade dann bewusst weiter fließen. Sie können sich dadurch besser und länger konzentrieren und bleiben locker.

Atmen in einer aufregenden Situation

Nutzen Sie das gleichmäßige, ruhige und tiefe Atmen in Not- und Angstsituationen und anderen aufregenden Momenten, in denen besonnenes, ruhiges und überlegtes Sprechen und Handeln nötig ist. Gerade, wenn Sie das Gefühl haben, dass die Aufregung mit Ihnen durchgeht, können Sie sofort versuchen, Ihre Konzentration auf Ihren Atem zu lenken, um dadurch wieder ganz schnell bei sich selbst zu sein und ablenkende oder überwältigende Emotionen zu beruhigen.

Atmen vor dem Einschlafen

Machen Sie es sich zur Gewohnheit, entspannt im Bett liegend (wie im Kapitel Grundhaltungen beschrieben) noch für ein paar Atemrunden bewusst ein- und auszuatmen. Atmen Sie all die Unruhe, Anspannung und Hektik des Tages aus, und atmen Sie all die Kräfte für eine regenerierende Nachtruhe ein.

All diese Umsetzungsmöglichkeiten sollen Ihnen die Gelegenheit bieten, immer mehr im Atemfluss und so im Fluss Ihres Lebens zu bleiben. Uns wird dann niemand und nichts so schnell den Atem rauben, weil wir bewusst unseren Atem wieder ins Fließen bringen können, falls er einmal ins Stocken geraten sein sollte.

Schlussbetrachtung

Der Atem unterstützt uns darin, buchstäblich mitten im Leben zu stehen. Im Atemfluss finden wir ein fortwährendes Werden und Vergehen, so wie wir es in allem Lebendigem vorfinden. Wir atmen ein, gewähren »aufbauenden Kräften« Einlass und atmen aus, lassen los; das Erquickende darf sich setzen und »Kräfteraubendes« darf gehen. Der für uns so überlebensnotwendige Atem weist uns wunderbar daraufhin, dass es im Leben nie darum geht, etwas festzuhalten, sondern immer darum, im Fluss zu bleiben. Denn nichts ist so stetig wie der Wandel.

Wenn wir nun in einer Haltung, die uns Halt gibt, und mit einer Atmung, die unser Leben fließen lässt, den Alltag erleben, dann haben wir bereits gute Voraussetzungen dafür geschaffen, uns wohlzufühlen.

Wohlgefühl

Wie geht es mir?
Spannung – Entspannung
Reise durch den Körper

Ausgeglichen
bei sich selbst und
in Liebe bleiben

Wie geht es mir?

Sowohl Haltung als auch Atmung schenken uns die besten Voraussetzungen dafür, dass es uns gutgeht, dass wir uns wohlfühlen. Wir wollen uns jedoch, ebenso wie der Haltung und der Atmung, auch unserem Wohlgefühl noch einmal ganz bewusst widmen. Denn dieses Wohlgefühl in uns und mit uns benötigen wir, um unser ureigenes Potential, das was uns ausmacht, unverstellt zu erkennen. Allzu oft lassen wir uns von außen sagen, wie es uns gut geht: Wenn wir das und das haben oder tun und so und so aussehen seien wir beliebt, toll und schön und es ginge uns gut.

Wir vergessen dabei, dass wir das Wohlgefühl in uns selbst haben und es uns selbst entlocken dürfen. Doch anstatt auf die Qualitäten in uns zu achten, damit wir uns mit uns selbst wohlfühlen, schauen wir nicht selten auf die scheinbaren Qualitäten, die andere uns vorgeben. Sie wollen uns damit suggerieren, dass wir uns nur unter diesen und jenen Voraussetzungen wohlfühlen können. Dieses Ausrichten auf das Außen verhindert, dass wir uns in unserer Fülle betrachten. Wir richten unsere Aufmerksamkeit eher auf unsere angeblichen Unzulänglichkeiten, verachten uns vielleicht dafür, wenden uns von uns ab und wissen letztlich nicht wirklich, wie wir uns fühlen, weil wir uns gar nicht mehr wahrnehmen.

Gerade deshalb ist es zum einen so wichtig, dass wir uns die Frage: »Wie geht es mir?« stellen und uns weder durch eine negative Antwort noch durch die Angst davor aus der Bahn werfen lassen, sondern es als Ansporn betrachten, wieder zum Wohlgefühl zu finden. Und zum anderen ist es von Bedeutung, unsere Wahrnehmung für uns selbst zu schulen, für den Blick nach innen, dem Wohnsitz des wahrhaftigen Wohlgefühls.

Die nächsten zwei Übungen sind eng miteinander verknüpft. Zunächst geht es um »Wie geht es mir in diesem Moment?«

Wenn die Antwort nicht »Mir geht es gut, ich fühle mich ruhig und ausgeglichen« lautet, dann kann Ihnen die zweite Übung helfen, die emotionalen Turbulenzen zu beruhigen und sich zu sammeln, damit Sie, wieder in Ihrer Kraft stehend, das, was Ihre Gefühlslage durcheinandergebracht hatte, neu ausgerichtet und aus einer neutralen Haltung heraus betrachten können.

auf CD

Die »Wie geht es mir«-Übung

Es ist gut, sich im Alltag immer wieder einmal zu fragen: »Wie geht es mir in diesem Moment? Wie fühle ich mich?« Dies zu fragen und zu beobachten dauert nur einen Augenblick und kann den Tag dennoch in eine neue Richtung lenken, weil diese kleine Unterbrechung dafür sorgen kann, dass wir, anstatt in einer Endlosschleife festzuhängen, uns neu besinnen und aufrichten, tief durchatmen und mit einem neuen Gefühl vorangehen. Nur wenn wir wieder in ein Wohlgefühl, in eine Ausgeglichenheit zurückgefunden haben, öffnen wir uns automatisch für Lösungen, heilsame Impulse, neue Ideen. Wichtig dabei ist, dass Sie auf die Frage nach Ihrem Wohlbefinden wahrheitsgemäß antworten.

Schenken Sie sich einen Augenblick Zeit, lassen Sie Ihren Atem ruhig und tief ein- und ausströmen, fühlen Sie zu Ihrem Herzen und fragen Sie sich innerlich:
Wie geht es mir in diesem Moment?
Wie fühle ich mich gerade?

Geben Sie sich eine ehrliche Antwort. Sie müssen weder sich selbst noch sonst jemandem etwas beweisen. Betrachten Sie völlig frei Ihre augenblickliche Stimmung, so als wären Sie der neutrale Beobachter Ihrer Selbst, der in der Lage ist, tief in Ihr Herz zu blicken. Sie brauchen sich weder einzureden, dass es Ihnen gut geht, noch, dass es Ihnen schlecht geht.

Um die Neutralität zu wahren und um nicht gleich in einen Beurteilungsmodus zu fallen, warum es Ihnen gerade so oder so geht, betrachten Sie Ihre Haltung und Ihren Atem.

Spüren Sie in Ihre Haltung und nehmen Sie Ihren Atem wahr: Sind Sie eher geknickt, gebeugt, überlastet und atemlos oder eher aufgerichtet im Jetzt, vertrauensvoll nach vorne blickend, im freien Fluss Ihres Atems und damit Ihres Lebens?

Dann lenken Sie Ihre Aufmerksamkeit auf Ihr Herz: Fühlt es sich eher eng und verschlossen an oder eher weit und offen? Spüren Sie eher ein innerliches Weinen oder mehr ein Lächeln?

Beobachten Sie sich.

Geht es Ihnen gut?
   Sind Sie klar und in Freude?
   Dann nehmen Sie einen tiefen Atemzug und gehen Sie weiter dankbar in dieser Freude durch den Tag und beenden damit die Übung.

Geht es Ihnen gerade nicht sonderlich gut?
   Sind Sie eher betrübt, durcheinander?
   Dann ist es wichtig, dass Sie in diesen Emotionen nicht verhaftet bleiben, sondern sich davon lösen und wieder in ein Wohlgefühl zurückkehren, das Sie in der Art handlungsfähig macht, dass Sie wieder das Licht am Horizont sehen können. Hierfür fahren Sie mit folgender Übung fort:

auf CD   Die »Zurück zum Wohlgefühl«-Übung

Machen Sie sich zwei bereits bekannte einfache, wirkungsvolle Hilfsmittel zunutze: die Haltung und die Atmung. Steigen Sie nun also – im wahrsten Sinne des Wortes – für einen kurzen Moment aus diesem emotionalen Durcheinander aus: Wenn Sie stehen, tun Sie einen Schritt beiseite; wenn Sie sitzen, können Sie sich kurz erheben. Oder vielleicht wollen Sie sich für einen Moment hinlegen? Verändern Sie einfach Ihre Position und richten Sie sich auf. Fühlen Sie, wie Sie im Boden fest verwurzelt sind und atmen Sie tief, vollständig und gleichmäßig ein und aus. Vielleicht haben Sie das Bedürfnis, frische Luft hereinzulassen – tun Sie es.

Dann lassen Sie all die Gedanken, die in Ihrem Kopf kreisen, vorüberziehen, indem Sie an keinem festhalten. Die Gedanken sind da, aber Sie wollen diesen für einen Moment keine größere Beachtung schenken. Lenken Sie Ihre Aufmerksamkeit immer wieder auf Ihren gleichmäßigen, ruhigen Atem und Ihre aufgerichtete, bequeme Haltung.

Nun fühlen Sie oder stellen Sie sich vor, wie die Kräfte, die geballte Energie, die Sie für Ihre Emotionen – sei es Wut, Trauer, Hilflosigkeit, Resignation – freigesetzt haben, wie riesige Wirbel um Sie herumschwirren, mal näher, mal weiter von Ihnen weg – je nachdem, wie außer sich Sie gerade sind, wie durcheinander Sie sich gerade fühlen mögen.

Und genauso fühlen Sie oder stellen Sie sich vor, wie diese Energie, nämlich Ihre Lebensenergie, die sich auf die unterschiedlichsten »Baustellen« verstreut hat, wieder zu Ihnen, zu Ihrer Mitte – sei es zur Basis der Wirbelsäule oder in Ihren Bauch zum Sonnengeflecht – zurückkehrt. Sie sammeln sich wieder, finden wieder zu sich.

Vielleicht ist Ihr Unwohlsein damit bereits beseitigt und auch die Ursache dafür. Vielleicht können Sie nun einfach glücklich darüber sein, sich gesammelt und neu geordnet auf den Weg machen zu können, Lösungen zu finden, damit Sie sich wieder wohl in Ihrer Haut fühlen.

Atmen Sie noch einmal tief ein und aus und gehen Sie die an Sie gestellten Herausforderungen mutig und voller Vertrauen an.

Wohlgefühl

Betrachten wir dieses Wohlgefühl, das so wichtig ist, damit wir uns und alles um uns herum lichtvoll und nicht überschattet wahrnehmen können. Zunächst habe ich dieses Wohlgefühl ganz alltäglich mit der Frage »Wie geht es mir?« in Zusammenhang gebracht. Nun möchte ich dieses noch differenzierter betrachten, um damit weitere Übungen zu verbinden.

Wenn wir davon sprechen, dass es uns rundherum gut geht, dann drückt dieses rundherum gleichzeitig aus, dass es mehrere Ebenen gibt, auf denen es uns gut gehen kann. Diese sind die körperliche, die geistige und die seelische Ebene.

Wie eng diese Ebenen miteinander verbunden sind, zeigt sich in folgenden einfachen Beispielen: Manchmal genügt etwas Kopfweh, ein Schnupfen oder Bauchweh, dass man verstimmt durch den Tag geht – und vielleicht auch alles schiefläuft. Kummer kann auf den Magen schlagen, Wut das Herz zum Rasen bringen, zu große Belastung kann Schultern und Nacken verspannen. Selbstverständlich geht es auch andersherum: der Hautausschlag klingt ab, weil man sich wieder wohl in seiner Haut fühlt, die Erkältung ist wie weggeblasen, so groß ist die Freude auf das bevorstehende Ereignis. Die Liste könnte endlos fortgesetzt werden.

Kommen wir zur Bedeutung dieses »Rundherum-Wohlgefühls« zurück. Wie ist es, wenn man nicht nur sporadisch, sondern dauerhaft von Leid, Kummer und Schmerzen begleitet wird? Wie schnell kann man dann in eine »Weltuntergangsstimmung« kommen, in der man nur noch Aussichtslosigkeit und Sinnlosigkeit sieht. Hier zeigt sich eine Verstimmung – im wahrsten Sinne des Wortes.

Wenn eine Gitarre verstimmt ist, dann bedeutet das, dass nicht alle Saiten harmonisch miteinander schwingen. Wie kommen wir wieder zu einem harmonischen Klang? Nun, wir können entweder jede einzelne Saite neu stimmen, oder wir finden zunächst heraus, welche Saiten die Disharmonie verursachen. Unabhängig davon, welche Möglichkeit wir wählen, müssen wir unsere Wahrnehmung ganz auf den Klang der Saiten konzentrieren.

Lassen Sie mich nun diese Verstimmung im Sinne der vorher genannten Wohlfühlebenen auf uns selbst übertragen: Nehmen wir an, dass die Saiten der Gitarre unseren Wohlfühlebenen entsprechen, dann sind wir in dem Moment wieder gut gestimmt, wenn wir uns auf all diesen Ebenen – Körper, Geist und Seele – wohlfühlen. Und das gelingt uns nur dann, wenn wir uns in unserer Ganzheit wahrnehmen und erkennen.

Hierzu wollen wir uns im folgenden zum einen der Schulung unserer Wahrnehmung für Spannung und Entspannung, zum anderen der weiteren Schulung unserer Selbstwahrnehmung widmen.

Spannung – Entspannung

Genau wie die Gitarrensaiten über die Spannung gestimmt werden, so ist auch für uns im Leben eine angemessene Spannung wichtig: Spannen wir eine Saite zu fest, reißt sie, spannen wir sie kaum, ist sie zu locker, hängt durch und wir können auch nicht darauf spielen. Genauso verhält es sich bei uns: Sind wir dauerhaft angespannt, kann es uns – im übertragenen Sinne – innerlich oder äußerlich zerreißen. Sind wir dauerhaft zu entspannt und hängen wir durch, dann sind wir genauso handlungsunfähig.

Meist ist uns gar nicht richtig bewusst, ob wir angespannt sind oder nicht. Gerade während des Schlafes, der uns die Möglichkeit zur Regeneration schenkt, merken wir die anhaltende Spannung vielleicht dadurch, dass wir morgens völlig gerädert aufwachen und das Gefühl haben, gar nicht geschlafen zu haben. Vielleicht spüren wir auch am angestrengten Kiefer, dass wir nachts mit den Zähnen geknirscht haben.

Wenn wir zu entspannt sind, macht sich das eher in der Wachphase tagsüber bemerkbar, indem sich über einen längeren Zeitraum in unserem Leben nichts mehr zu bewegen scheint. Möglicherweise ist dies mit dem Gefühl verbunden, durchzuhängen oder herumzuhängen, und wir vermissen den Schwung in unserem Leben. Sowohl für die Gitarre als auch für uns ist es demnach von großer Bedeutung, die richtige Spannung zu haben, damit wir gut schwingen und gut gestimmt sind.

Mit Hilfe der nächsten Übung möchte ich Sie dabei unterstützen, sich genau dieser Spannung zu widmen und über das bewusste Erleben von Spannung und Entspannung Ihre individuelle harmonische Spannung wahrzunehmen. Führen Sie dabei die Übung in dem Bewusstsein aus, dass das körperliche Erleben von Spannung und Entspannung die Stimmung von Geist und Seele mit einschließt. Denn wir dürfen uns immer als Ganzes betrachten, und so wirkt sich das Tun auf der einen Ebene ganz automatisch auf die anderen Ebenen aus.

Wahrnehmungsübung
Spannung – Entspannung

auf CD

Am besten führen Sie diese Übung in einer liegenden Position aus, vorzugsweise in Rückenlage. Ist dies nicht möglich, dann wählen Sie eine andere der anfangs beschriebenen Grundhaltungen. Führen Sie die Übung dann sinngemäß aus.

Kommen Sie nun auf einer geeigneten Unterlage auf dem Rücken zu liegen. (Oder gehen Sie in eine andere für Sie machbare Ausgangsposition.) Erinnern Sie sich – wenn Sie die Rückenlage einnehmen –, achtsam Wirbel für Wirbel auf den Boden abzurollen.

Fühlen Sie wie die Rückseite des Körpers den Boden berührt. Sie liegen ausgestreckt da. Die Beine sind gerade, die Arme liegen entlang des Körpers, die Schultern liegen entspannt am Boden, der Kopf ist zentriert und so ausgerichtet, dass der Blick geradeaus zum Himmel zeigt. Sie liegen bequem am Boden und richten nun Ihre Aufmerksamkeit auf den Atem. Fühlen Sie, wie Ihr Atem durch die Nase ein und wieder durch die Nase ausströmt.

Atmen Sie ruhig, tief und gleichmäßig für einige Runden ein und aus, während ich den Ablauf der Übung zunächst schildere:

Einatmend spannen Sie sich folgendermaßen stetig – so sehr wie möglich – von unten nach oben an: Spannen Sie die Zehen an, die Füße, die Unterschenkel, die Knie, die Oberschenkel, das Gesäß, den Bauch, den Brustkorb, den gesamten Rücken, die Schultern, die Finger, die Hände – Sie können dabei die Hände zu Fäusten ballen – die Unterarme, die Oberarme, den Nacken, das gesamte Gesicht, den Kopf, die Stirn – es gibt keine Faser in Ihrem Körper, die gerade nicht angespannt ist.

Halten Sie Ihren Atem in diesem Moment der vollständigen höchsten Anspannung kurz an. Ausatmend beginnen Sie dann – wieder von den Füßen bis hin zum Kopf – sich zu entspannen. Lassen Sie in den Zehen los, in den Füßen, den Unterschenkeln, den Knien, den Oberschenkeln, im Gesäß, im Bauch, im Brustkorb, im gesamten Rücken, in den Schultern, den Fingern, den Händen, Unterarmen, …

… Oberarmen, im Nacken, im Gesicht, im Kopf und in der Stirn. Sie lassen alle Anspannung mit der Ausatmung hinaus und fühlen dann, wie Sie ganz schwer und entspannt am Boden liegen.

Nun führen Sie diese Übung in Ihrem eigenen Atemrhythmus für 3 - 6 Runden aus. Einatmend spannen Sie sich beginnend von den Füßen bis hoch zum Kopf an und halten den Atem kurz an. Ausatmend lassen Sie beginnend bei den Füßen bis hoch zum Kopf sämtliche Spannung wieder los.

Danach bleiben Sie regungslos und völlig entspannt am Boden liegen beziehungsweise in der Ausgangsposition, in welcher Sie die Übung ausgeführt haben. Lassen Sie dabei Ihren Atem ganz frei weiter fließen und genießen Sie es einfach, so zu sein.

Je nachdem, in welcher Haltung Sie sich befinden, lösen Sie diese nach einer Weile achtsam auf und gehen entspannt Ihres Weges.

Spannung – Entspannung im Alltag

Die Übung ermöglicht Ihnen, Ihre bewusste Wahrnehmung und Steuerung für Spannung und Entspannung zu schulen. Über das Senden dieser völlig eindeutigen Signale an Ihren Körper können Sie zukünftig leichter und schneller Spannung und Entspannung abrufen, damit Sie mit leichtem Schwung durch das Leben gehen.

Letztlich können Sie diese Übung in jeder Haltung ausführen, so dass Sie sich vor allem in Alltagssituationen mal eben kurz signalisieren können, wie sich Spannung und Entspannung anfühlen, um sich leichter wieder auf das gesunde Maß einpendeln zu können: sei es die Anspannung vor einer Prüfung, einem wichtigen Gespräch oder anderen Situationen, die in uns zu viel Spannung hervorrufen sollten; oder sei es – im Gegensatz dazu – das Gefühl, so gar nichts hinzubekommen, unendlich müde zu sein und durchzuhängen. Denn gut gestimmt sind Sie wieder in der Lage, sich über bestimmte Umstände klarer zu werden. Wir können nur über uns hinauswachsen und unser Bewusstsein weiten, wenn wir immer wieder in eine neutrale Position kommen, in welcher wir uns nicht mehr von Äußerlichkeiten und Emotionen übermannen lassen.

Reise durch den Körper

Mittlerweile sind Sie gut vorbereitet, sich auf eine Reise durch Ihren Körper zu begeben. Diese Reise ist gleichzeitig eine Reise zu Ihrem persönlichen Wohlgefühl, indem Sie sich selbst liebevoll zuwenden und wahrnehmen. Es kann auch eine Reise zur dankbaren Annahme dieses Körpers sein. Denn selbst wenn er eingeschränkt ist oder nicht so funktioniert, wie er es unserer Meinung nach sollte, haben wir allein durch unser Menschsein hier auf der Erde so viele Möglichkeiten geschenkt bekommen, uns weiterzuentwickeln und innerlich zu wachsen.

Auf den ersten Blick widmen wir uns bei dieser Reise unserem Körper, jedoch durch die bewusste Wahrnehmung und eine tiefe, vollständige und gleichmäßige Atmung schließen wir unseren Geist, unsere Emotionen und unser seelisches Befinden auch hier automatisch mit ein. Bestenfalls entspannen wir uns rundherum, bleiben geistig wach und aufmerksam, sind oder werden innerlich ruhig und gelassen und spüren eine tiefe Zufriedenheit.

auf CD

Übung
Reise durch den Körper

Am besten führen Sie diese Übung auf dem Rücken liegend aus. Wenn Sie nicht für eine längere Dauer auf dem Rücken liegen können, wählen Sie bitte eine andere der bereits im Kapitel »Haltung« beschriebenen Grundhaltungen.

Kommen Sie nun in die für Sie angenehme Ausgangsposition. Fühlen Sie in Ihre Haltung hinein. Nehmen Sie Ihren Körper ganz bewusst wahr. Können Sie für eine Weile regungslos und bequem in dieser Haltung sein? Wenn nicht, passen Sie Ihre Position entsprechend an oder bewegen Sie noch das eine oder andere Körperteil, das noch bewegt werden möchte. Wenn ja, dann bleiben Sie weiter regungslos liegen und richten Sie Ihre Konzentration auf Ihren Atem. Nehmen Sie die tiefe, vollständige und gleichmäßige Atmung auf.

Lassen Sie den Atem durch die Nase ein- und wieder durch die Nase ausströmen. Fühlen Sie, wie sich einatmend zunächst die Bauchdecke wölbt, der Brustkorb weitet und zuletzt der Schlüsselbeinbereich hebt und wie sich ausatmend die Bauchdecke abflacht, der Brustkorb zusammengeht und zuletzt der Schlüsselbeinbereich senkt. Ihr Atem fließt wie eine Welle durch Ihren Körper, Ihre Lungen füllen und entleeren sich und lassen eine wunderbare fließende Bewegung in Ihnen entstehen. Ihr Atem fließt ganz leicht ein und aus. Sollten Sie die Augen noch geöffnet haben, dürfen Sie sie gerne schließen.

Lassen Sie Ihren Atem weiter ein- und ausströmen und lenken Sie dann Ihre Aufmerksamkeit auf die Füße. Nehmen Sie die großen Zehen wahr, rundherum, nehmen Sie dann auch die anderen Zehen wahr und entspannen Sie alle **Zehen**. Fühlen Sie die **Fußsohlen**, die **Fußrücken**, die **Fersen**, die **Fußgelenke** und lassen Sie in beiden Füßen vollständig los.

Fühlen Sie die **Unterschenkel**: die Waden, die Schienbeine und lassen Sie in den Unterschenkeln los. Nehmen Sie beide **Knie** rundherum wahr und entspannen Sie sie. Fühlen Sie in die **Oberschenkel**: die Rückseite der Oberschenkel, die Seiten sowie die Vorderseite der Oberschenkel und bis hoch zur **Hüfte** und lassen Sie in den Oberschenkeln und in den Hüften vollkommen los.

Fühlen Sie, wie das **Gesäß** den Boden berührt, und lassen Sie in beiden Gesäßhälften los. Nehmen Sie die **Basis der Wirbelsäule** wahr und entspannen Sie sie. Fühlen Sie in den **Beckenbereich** und lassen Sie vollständig los im Becken. Wandern Sie dann mit Ihrem Bewusstsein weiter zum Bauch. Fühlen Sie in den **Bauch** und nehmen Sie die Bauchdecke wahr. Entspannen Sie Ihren Bauch und lassen Sie in der Bauchdecke vollkommen los.

Fühlen Sie nach hinten zum **unteren Rücken** und entspannen Sie den unteren Rücken vollständig. Fühlen Sie weiter nach oben in den **Brustbereich,** rundherum, entspannen Sie die Brust, den Brustkorb vollständig und lassen Sie im **mittleren Bereich des Rückens** los. Fühlen Sie dann, wie die **Schultern** am Boden liegen, und entspannen Sie die Schultern. Gehen Sie mit Ihrer Aufmerksamkeit nach vorne zum **Schlüsselbeinbereich** und lassen Sie im Schlüsselbeinbereich vollständig los.

Dann wandern Sie mit Ihrer Wahrnehmung über die Schultern hinunter zu Ihren Händen. Fühlen Sie jeden einzelnen **Finger** und lassen Sie in den Fingern los. Fühlen Sie die **Handflächen,** die **Handrücken,** die **Handgelenke** und entspannen Sie beide Hände vollständig. Fühlen Sie die **Unterarme** rundherum bis zu den **Ellbogen** und lassen Sie in beiden Unterarmen und Ellbogen los.

Fühlen Sie die **Oberarme** und entspannen Sie die Oberarme. Und wandern Sie dann mit der Konzentration über die Schultern hin zum Nacken. Fühlen Sie den Nacken rundherum und lassen Sie im **Nackenbereich** vollständig los.

Nehmen Sie dann den **Kehlkopf** wahr und entspannen Sie den Kehlkopf. Fühlen Sie das **Kinn** und den **Mund** mit den leicht geöffneten Lippen. Lassen Sie los im Kinn und entspannen Sie Mund, **Ober- und Unterkiefer** vollständig. Fühlen Sie die **Nase** und den Bereich um die Nase herum und lassen Sie im Bereich der Nase los. Fühlen Sie die **Wangen** und entspannen Sie die Wangen. Fühlen Sie die **Augen** hinter den geschlossenen Lidern und lassen Sie in den Augen vollständig los.

Gehen Sie dann mit Ihrer Aufmerksamkeit zu den **Ohren** und in den Bereich um die Ohren herum und entspannen Sie den Ohrenbereich vollständig. Fühlen Sie dann zum **Hinterkopf,** lassen Sie im Hinterkopf los. Wandern Sie bis hoch zum Scheitelpunkt und entspannen Sie die **Schädeldecke** vollständig.

Kommen Sie dann nach vorne zur **Stirn** und lassen Sie in der Stirn vollständig los. Genießen Sie es, völlig entspannt dazuliegen, und lassen Sie den Atem weiter ruhig und gleichmäßig ein- und ausströmen.

Nach einer Weile nehmen Sie einen besonders tiefen Atemzug: Atmen Sie tief und vollständig durch die Nase ein und tief und vollständig aus, mit der nächsten Einatmung drehen Sie langsam den Kopf nach rechts, ausatmend nach links und bringen den Kopf wieder zurück zur Mitte. Wenn Sie die Übung in der Rückenlage ausgeführt haben, heben Sie einatmend den linken Arm und legen ihn nach hinten neben dem Kopf ab und drehen sich über die linke Seite auf den Bauch. Das Kinn am Boden, stützen Sie die Handflächen neben den Schultern am Boden auf, heben einatmend achtsam den Oberkörper und kommen in den Vierfüßlerstand. Lassen Sie den Atem im Vierfüßlerstand tief ein- und ausströmen, richten Sie Ihren Oberkörper auf und kommen Sie zum Sitzen. Sollten Sie die Übung in einer anderen Grundhaltung ausgeführt haben, dann lösen Sie auch diese achtsam auf und bewegen Sie sich langsam.

Nehmen Sie nochmals einen tiefen Atemzug und fühlen Sie, wie Sie entspannt und wach sind.

Die Reise durch den Körper im Alltag

Setzen Sie diese Reise durch den Körper auch in Ihrem Alltag ein. Es muss ja nicht gleich der vollständige Ablauf sein. Wenn Sie sich beispielsweise von einer Tätigkeit entspannen möchten, können Sie sich vor allem diesen Bereich vornehmen: Sie sitzen viel am Schreibtisch? Schultern, Nacken, Kopf sind angespannt? Wenn Sie fünf ruhige Minuten haben, gehen Sie doch am Schreibtisch aufgerichtet sitzend mit Ihrer

Aufmerksamkeit und Ihrem Atem in diese Bereiche und entspannen Sie sie.

Denken Sie daran: Dort wo Sie Ihre Konzentration, zu entspannen und zu gesunden, hinwenden und Ihren Atem hinlenken, fließt auch die Energie, die Information hin, dies zu tun. Sie beißen gerne die Zähne zusammen? Lassen Sie dies immer mehr in Ihr Bewusstsein kommen und entspannen Sie sogleich Kinn, Mund, Lippen, Ober- und Unterkiefermuskulatur. Sicherlich fallen Ihnen Ihre persönlichen »Spannungsfelder« auf, an denen Sie dann fast zu jeder Zeit arbeiten können.

Dasselbe gilt für die Bereiche, die Sie unter Umständen schon gar nicht mehr an sich wahrgenommen haben oder welchen Sie aufgrund eines aufgedrückten »Mängel«-Stempels oder einer unangenehmen Erfahrung keine oder eine wenig liebevolle Beachtung schenkten. Lenken Sie gerade dann Ihren Atem und Ihre Wahrnehmung ganz bewusst dorthin, erwecken Sie diese Bereiche wieder zum Leben. Sie existieren nicht nur als Teil des Ganzen, sondern sind das Ganze und dürfen sich auf allen Ebenen in Gänze wohlfühlen.

Schlussbetrachtung

Sie haben sich gefragt, wie es Ihnen geht und hatten die Gelegenheit sich, falls Sie in vielem emotional verzettelt waren, zu sortieren und zu sammeln. Sie konnten herausfinden, wie Ihre Grundspannung sein muss, damit Sie allem in einer ausgeglichenen Stimmung begegnen können, und zuletzt durften Sie sich auf die Reise durch den Teil Ihrer Selbst begeben, welcher greifbar hier auf der Erde manifestiert ist: den Körper, der mit all seinen Stärken und Schwächen ein grobstofflicher Ausdruck dessen ist, was auf viel feinstofflicherer Ebene durch uns geschaffen wurde.

Über unsere Haltung, unsere Atmung und unser Wohlgefühl haben wir jetzt gute Grundlagen gelegt, wach und klar den Herausforderungen des Lebens zu begegnen. Aufgerichtet und zentriert, im stärkenden Fluss des Atems, ausgeglichen und uns selbst wohlgesinnt, können wir die Herausforderungen als Chancen annehmen. Wachheit und Klarheit helfen uns in der Folge dabei, sinnvoll mit ihnen umzugehen und an ihnen zu wachsen.

Wachheit und Klarheit

Frühjahrsputz
Die Wirbelsäule beleben
Reinigende Atmung

Wach und klar
mit Herausforderungen
umgehen,
Entscheidungen treffen,
in ungetrübter Erkenntnis
handeln

Wachheit und Klarheit

Es geht um das Wachsein im Sinne von präsent sein im Hier und Jetzt und Klarheit im Sinne von fokussiert und konzentriert sein sowie in reiner Absicht und ungetrübter Erkenntnis handeln. Auch hier ist es gut, über das einfache Tun eine Vorstellung davon zu bekommen, wie wir über Haltung, Atmung und Wohlgefühl hinaus, diese Wachheit und Klarheit üben können, die für jede noch so alltägliche Entscheidung von großer Bedeutung sind. Denn was sind all die Herausforderungen, die uns im Alltag immer wieder begegnen? Im Grunde sind diese Herausforderungen nichts anderes als Entscheidungen, nämlich: Wähle ich diesen oder jenen Weg? Gerade deshalb ist es von großer Bedeutung, dass wir wach und klar sind und unsere Wahrnehmung – nach außen und auf uns selbst – geschult und ungetrübt ist.

»Frühjahrsputz«

Kommen wir zu folgendem Übungsablauf, der wie ein kleiner Frühjahrsputz wirken kann, der reinigt, klärt und fokussiert, bewegungs- und handlungsfähig macht. Es ist schwierig, wach und klar zu sein, wenn man sich eingerostet und eingestaubt fühlt und der Kopf eher einer Matschbirne gleicht, in der die Säfte nicht mehr fließen. Deshalb wollen wir uns systematisch – beginnend bei den Füßen bis hoch zum Kopf – bewegen und all das auflösen und in Fluss bringen, was nicht zu uns gehört. Wir transportieren es letztlich nach draußen. Gerade im Bereich der Gelenke lagert sich wie in Ecken und Winkeln des Hauses »Schmutz« ab. Er sammelt sich an und würde, wenn er nicht zwischendurch weggeputzt wird, immer mehr Raum einnehmen und damit auch den Rest verunreinigen. Zudem strengt das Putzen mehr und mehr an, man wird dessen überdrüssig und ist seiner müde oder findet sich gar damit ab und resigniert. Doch das Leben in uns möchte pulsieren, und Wachheit und Klarheit helfen uns dabei, dass es in die für uns sinn- und lichtvolle Richtung pulsiert.

auf CD

Übung »Frühjahrsputz«

Ich werde den Übungsablauf aus einer stehenden Haltung heraus anleiten, da durch das Stehen eine größere Wachheit gefordert ist und wir unsere Balance und Standfestigkeit üben können. Wenn Ihnen das Stehen schwerfällt, können Sie viele Teile der Übung auch auf einem Stuhl gut aufgerichtet sitzend ausführen. Wenn Sie sich auf einem Bein stehend eines festen Stands sicher sein müssen, dann können Sie beispielsweise die Stuhllehne, ein Geländer oder die Wand als Unterstützung in Anspruch nehmen. Sie können auch kleine Pausen einlegen, einige Übungen im Sitzen, andere wieder im Stehen ausführen. Geben Sie Ihr Bestes und haben Sie Freude daran.

Zehen bewegen

Kommen Sie in eine gute Ausgangsposition im Stehen. Fühlen Sie, wie Sie, das Gewicht gleichmäßig auf beide Füße verteilt, auf dem Boden stehen, die Knie sind locker, Ihr Rücken ist gerade, die Schultern sind entspannt, die Arme hängen locker zu den Seiten hinunter, der Nacken ist entspannt, der Kopf ist zentriert und so ausgerichtet, dass Ihr Blick in Augenhöhe geradeaus zeigt. Ihr Atem fließt tief, vollständig und gleichmäßig ein und aus. Sie atmen durch die Nase ein und durch die Nase aus. Über den Atem richten Sie sich automatisch noch weiter auf und genießen Ihre Grundhaltung, zu der Sie immer wieder zurückkehren werden. Gehen Sie mit Ihrer Aufmerksamkeit zu Ihren Füßen und insbesondere zu Ihren Zehen. Rollen Sie nun die Zehen nach unten ein, kommen Sie dann wieder zurück und spreizen Sie nachfolgend die Zehen nach oben ab, kommen Sie wieder zurück und führen Sie diesen Ablauf für insgesamt 3 - 6 Runden in Ihrem eigenen Rhythmus aus.

Füße kreisen

Richten Sie dann Ihre Konzentration auf den rechten Fuß.

Heben Sie den Fuß etwas vom Boden ab und verlagern Sie Ihr Gewicht so, dass Sie bequem auf dem linken Fuß stehen können.

Dann beginnen Sie den rechten Fuß im Uhrzeigersinn für 3 - 6 Runden zu kreisen.

Fühlen Sie in den Fuß hinein, fühlen Sie das Fußgelenk und kreisen Sie tief ein- und ausatmend den rechten Fuß. Wechseln Sie dann die Richtung und kreisen Sie den rechten Fuß für 3 - 6 Runden gegen den Uhrzeigersinn. Bleiben Sie mit Ihrem Bewusstsein im rechten Fuß. Danach setzen Sie den rechten Fuß auf den Boden auf, kommen in die Ausgangsposition zurück, lassen den Atem tief ein- und ausströmen und fahren dann mit dem linken Fuß fort.

Heben Sie den linken Fuß an und stehen Sie nun völlig im Gleichgewicht auf dem rechten Fuß. Beginnen Sie dann den linken Fuß im Uhrzeigersinn zu kreisen.

Jetzt sind Sie mit Ihrem Bewusstsein im linken Fuß. Beobachten Sie ihn. Nach 3 - 6 Runden wechseln Sie die Richtung und kreisen den linken Fuß ebenso lang gegen den Uhrzeigersinn. Lassen Sie den Atem kontinuierlich fließen und bringen Sie den linken Fuß wieder zurück auf den Boden. Sie atmen tief ein und aus und befinden sich wieder in der Ausgangsposition. Fühlen Sie nun in beide Füße hinein. Beobachten Sie, wie sich die Füße anfühlen.

Knie bewegen

Wandern Sie dann ein Stück weiter nach oben zu den Knien. Nehmen Sie die Knie rundherum wahr und beginnen Sie, den rechten und linken Unterschenkel im Wechsel ganz locker aus dem Knie heraus, sanft vor- und zurückzuschwingen. Beim Zurückschwingen dürfen die Fersen gerne das Gesäß berühren. Führen Sie dies für 3 - 6 Runden aus. Fühlen Sie in die Knie hinein. Sie sind ganz locker in den Knien. Danach kommen Sie wieder zurück in die Ausgangsposition im Stehen. Der Atem fließt kontinuierlich ein und aus, und Sie bleiben weiterhin mit Ihrer Konzentration in den Knien.

Knie kreisen

Beugen Sie sich nun im Oberkörper etwas nach vorne, legen Sie Ihre Handflächen auf die leicht gebeugten Knie und beginnen Sie dann, die Knie im Uhrzeigersinn zu kreisen. Nach 3 - 6 Runden wechseln Sie die Richtung und kreisen jetzt genauso oft gegen den Uhrzeigersinn. Nehmen Sie dabei die Knie rundherum wahr, und lassen Sie sie ganz geschmeidig werden.

Dann kommen Sie folgendermaßen wieder behutsam in die Ausgangsposition:

Halten Sie im Kreisen inne, strecken Sie die Beine wieder durch und richten Sie den Oberkörper wieder auf. Nehmen Sie einen tiefen Atemzug und spüren Sie nochmals ganz bewusst in die Knie hinein.

Beine vor- und zurückschwingen

Jetzt wandern wir ein wenig höher und fühlen hoch bis zur Hüfte. Verlagern Sie das Gewicht auf das linke Bein, heben Sie das rechte Bein vom Boden ab und schwingen Sie es locker gerade vor und zurück. Wenn es Ihnen schwerfällt, das Gleichgewicht zu halten, fixieren Sie einen Punkt entweder geradeaus vor Ihnen oder ein wenig von Ihnen entfernt am Boden. Schwingen Sie locker und leicht das rechte Bein für 3 - 6 Runden vor und zurück mit Konzentration auf den Hüftbereich. Danach bringen Sie den rechten Fuß zurück zum Boden in die Ausgangsposition, lassen den Atem ruhig und tief fließen und fahren mit der anderen Seite fort. Sie stehen mit dem rechten Fuß fest am Boden, schwingen das linke Bein vor und zurück und fühlen dabei in die andere Hüftseite. Nach 3 - 6 Runden bringen Sie den linken Fuß zurück auf den Boden, verteilen das Gewicht gleichmäßig auf beide Füße, stehen in der Ausgangsposition, lassen den Atem frei fließen und fühlen in den Hüftbereich.

Beine seitwärts schwingen

Als nächstes schwingen wir die Beine seitwärts mit dem Bewusstsein im Beckenbereich. Stehen Sie mit Ihrem linken Fuß fest am Boden. Sobald Sie einen sicheren Stand haben, beginnen Sie das rechte Bein vor dem Körper seitwärts hin und her zu schwingen. Lassen Sie den Atem fließen, damit Sie nicht außer Atem kommen. Nach 3 - 6 Runden bringen Sie das rechte Bein zurück, gehen für einen Moment in die Ausgangsposition, entspannen, atmen tief ein und aus und führen dasselbe mit dem linken Bein aus. Stabilisieren Sie sich auf dem rechten Fuß und schwingen Sie dann das linke Bein für 3 - 6 Runden vor dem Körper hin und her. Fühlen Sie abermals in Ihren Beckenbereich und stellen Sie sich vor, wie sich das Becken öffnet. Kommen Sie dann zurück zur Mitte in die Ausgangsposition. Ihr Atem fließt ganz frei und tief. Falls Sie etwas außer Atem gekommen sind, lassen Sie Ihren Atem wieder ganz ruhig werden. Fühlen Sie, bei den Füßen beginnend, beide Beine bis hoch in die Hüften und in den gesamten Beckenbereich.

Oberkörper kreisen

Als nächstes wollen wir den Oberkörper kreisen. Sie stehen mit den Füßen etwa hüftbreit auseinander und haben einen festen Stand. Legen Sie Ihre Hände in die Taille und beginnen Sie in Uhrzeigerrichtung den Oberkörper zu kreisen. Fühlen Sie die kreisende Bewegung vor allem im unteren Rücken. Nach 3 - 6 Runden wechseln Sie die Richtung und kreisen den Oberkörper ebenso lang gegen den Uhrzeigersinn. Kommen Sie langsam wieder zur Mitte und zurück in die Ausgangsposition. Lassen Sie Ihren Atem tief ein- und ausströmen und fühlen Sie in Ihren Körper hinein.

Oberkörper von Seite zu Seite schwingen

Im Anschluss daran wollen wir uns aus der Ausgangsposition heraus im Oberkörper locker nach links und rechts drehen und die Arme dabei mitschwingen lassen. Drehen Sie also für einige Runden im Atem bleibend Ihren Oberkörper im Wechsel nach rechts und links und spüren Sie dabei auch die Drehung in der Wirbelsäule. Nehmen Sie auch den Kopf in die Drehung mit hinein, soweit es Ihnen möglich ist. Die Beine und Füße bleiben wie in der Ausgangsposition unbewegt am Boden, die Arme lassen wir in der Drehung mitschwingen. Genießen Sie diese beschwingte, leichte Bewegung und Drehung. Nach einigen Runden kommen Sie wieder zurück zur Mitte in die Ausgangsposition und fühlen in sich hinein.

Wachheit und Klarheit Frühjahrsputz

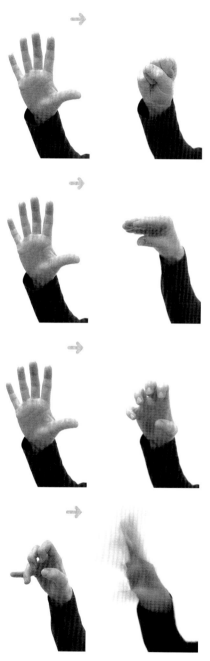

Finger bewegen

Weiterhin in der Ausgangsposition stehend, wollen wir uns als nächstes den Armen und hier zunächst den Händen widmen. Beginnen Sie die Finger folgendermaßen zu bewegen:

Öffnen und schließen Sie die Hände 3 - 6 mal zur Faust. Anschließend bewegen Sie jeden einzelnen Finger, jedes einzelne Gelenk in Ihren Fingern, zuletzt auch in einer fließenden Bewegung 3 - 6 Mal.

Nach einer Weile bringen Sie die Arme zurück zu den Seiten, entspannen beide Hände und fühlen hinein in Finger und Hände.

Hände kreisen

Dann kreisen Sie die Hände, zunächst für 3 - 6 Runden in die eine und danach in die andere Richtung.

Achten Sie immer wieder auf Ihren Atem und darauf, dass er kontinuierlich fließt; bleiben Sie mit Ihrer Aufmerksamkeit in den Händen.

Danach senken Sie Unterarme und Hände, entspannen sich, kommen in die Ausgangsposition und fühlen noch für einen Moment in beide Hände.

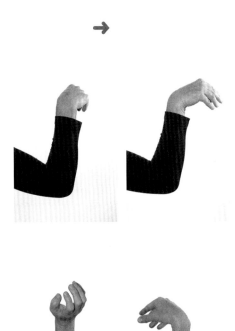

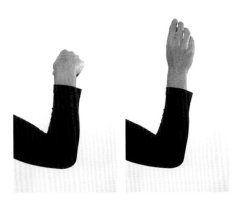

Ellbogen kreisen

Nun kommen wir zu den Ellbogen.

Heben Sie Ihre Arme zu den Seiten, bis die Ellbogen auf Schulterhöhe sind, und winkeln Sie die Ellbogen so ab, dass sich die Fingerspitzen auf Brusthöhe beinahe berühren. Dabei zeigen die Handflächen zum Boden.

Aus dieser Haltung heraus beginnen Sie nun die Unterarme zu kreisen, so dass das Kreisen aus den Ellbogen heraus geschieht. Das heißt: Öffnen Sie Ihre Unterarme nach außen, bis die Arme gerade sind – die Handflächen zeigen dann nach oben – und winkeln Sie dann Ihre Unterarme in einer kreisenden Bewegung in den Ellbogen wieder ab, bis die Hände wieder vor der Brust sind – die Handflächen weisen dann nach unten.

Nach 3 - 6 Runden wechseln Sie die Richtung und kreisen die Ellbogen in die andere Richtung. Dabei sind Sie mit Ihrem Bewusstsein in den Ellbogen, die mit jeder Drehung geschmeidiger werden können. Nach 3 - 6 Runden gehen Sie in Ihre Ausgangsposition, entspannen Sie die Arme und atmen Sie weiter gleichmäßig tief ein und aus.

Schultern heben und senken

Kommen wir dann zu den Schultern. Zunächst wollen wir die Schultern heben und senken. Ziehen Sie die Schultern einatmend hoch in Richtung Ohren, die Arme bleiben dabei ganz locker entlang des Körpers hängen. Ausatmend lassen Sie dann ohne große Kraftanstrengung die Schultern wieder hinabfallen. Führen Sie dies 3 - 6 Runden in Ihrem eigenen Rhythmus in Harmonie mit dem Atem aus. Einatmend heben Sie die Schultern, ausatmend senken Sie sie. Kommen Sie dann zurück in die entspannte Ausgangsposition und fühlen Sie in Ihre Schultern.

Schultern kreisen

Gleich im Anschluss wollen wir die Schultern kreisen. Überprüfen Sie Ihren Stand und den Atem immer wieder, damit Sie gut geerdet sind. Die Arme hängen ganz locker zu den Seiten hinab, und der Kopf sitzt gut und leicht auf Ihrem Nackenbereich. Beginnen Sie jetzt beide Schultern genussvoll und entspannend für 3 - 6 Runden nach hinten zu kreisen. Danach kommen Sie zurück zur Mitte und kreisen die Schultern für ebenso 3 - 6 Runden in die andere Richtung nach vorne. Zurück in der Ausgangsposition fühlen Sie in die Schultern und den Nackenbereich. Bleiben Sie für einen Moment ganz gelöst stehen – vielleicht ist eine Last von Ihren Schultern gefallen – und atmen Sie ganz frei ein und aus.

Arme einzeln kreisen

Danach fahren wir mit dem Kreisen der Arme fort. Wir beginnen mit der rechten Seite. Einatmend heben Sie den rechten Arm in einem Vorwärtsbogen weit nach oben. Sie machen Ihren Arm dabei ganz lang. Ausatmend, nach hinten kreisend, vervollständigen Sie den Bogen und bringen den Arm zurück in die Ausgangsposition. Fühlen Sie in die linke Schulter und ziehen Sie auf diese Weise, in Harmonie mit dem Atem, weitere zwei weite Bögen: einatmend heben, ausatmend senken.

Nach der letzten Runde, halten Sie für einen Moment inne und fahren dann in der gleichen Art mit der linken Seite fort: Einatmend heben Sie vorwärts nach oben kreisend den linken Arm und ausatmend nach hinten kreisend bringen Sie ihn wieder zurück nach unten. Fühlen Sie in die linke Schulter und führen Sie noch zwei weitere Runden aus. Danach entspannen Sie und lassen Ihren Atem ganz frei weiter fließen.

Jetzt wollen wir das Kreisen in die andere Richtung ausführen. Wir beginnen wieder mit der rechten Seite. Einatmend nach hinten kreisend heben Sie den rechten Arm

nach oben, ausatmend nach vorne kreisend bringen Sie ihn wieder zurück nach unten. Sie sind mit Ihrer Aufmerksamkeit in Ihrer rechten Schulter und führen noch weitere zwei Runden aus.

Nach einem kurzen Innehalten fahren Sie mit der linken Seite für drei Runden fort. Mit dem Bewusstsein in der linken Schulter einatmend den linken Arm nach hinten kreisend heben und ausatmend nach vorne kreisend wieder senken. Genießen Sie diese weiten Kreise, die Sie ziehen.

Wenn Sie soweit sind, kommen Sie wieder zurück in die Ausgangsposition und spüren jetzt in den Schulterbereich. Beobachten Sie wie er sich anfühlt.

    Gehen Sie mit Ihrer Wahrnehmung auch zum Herzen – fühlen Sie den Herzbereich. Fühlen Sie, wie Sie ihn weiten und öffnen können.

Arme gleichzeitig kreisen

Nun wollen wir beide Arme gemeinsam kreisen. Einatmend kreisen Sie beide Arme in einem Vorwärtsbogen nach oben, ausatmend nach hinten kreisend, den Bogen vervollständigend, bringen Sie beide Arme zurück in die Ausgangsposition.

In Harmonie mit dem Atem kreisen wir noch für zwei weitere Runden beide Arme.

Nach der dritten Runde halten Sie einen Moment inne und wechseln dann die Richtung. Einatmend nach hinten kreisend heben Sie beide Arme nach oben, ausatmend nach vorne kreisend bringen Sie die Arme wieder zurück in die Ausgangsposition.

Führen Sie noch zwei weitere Runden aus. Danach lassen Sie Ihren Atem ganz frei fließen, fühlen in Ihre Schultern und entspannen Schultern und Arme vollständig.

Wachheit und Klarheit Frühjahrsputz

Beide Arme versetzt kreisen

Als nächstes wollen wir die Arme versetzt kreisen. Das heißt, dass die Arme beim Kreisen immer in einer Linie sind. Wenn der eine Arm oben ist, ist der andere unten.

Aus der Ausgangsposition heben Sie zunächst einatmend den rechten Arm über einen Vorwärtsbogen nach oben. Sobald dieser oben angekommen ist, fahren Sie mit dem Kreisen fort. Während der rechte Arm nun über den Rückwärtsbogen wieder gesenkt wird, heben Sie zeitgleich über einen Vorwärtsbogen den linken Arm nach oben.

Setzen Sie dieses versetzte Kreisen für insgesamt 3 Runden in Ihrem eigenen Rhythmus in Harmonie mit Ihrem Atem fort.

Anschließend kreisen Sie ebenso für 3 Runden in die andere Richtung, das heißt von hinten oben nach vorne unten kreisend. Fühlen Sie die Bewegung in Ihren Schultern, machen Sie sich weit und groß.

Nach diesen 3 Runden kommen Sie wieder zurück in die Ausgangsposition, lassen in Schultern und Armen los und beobachten sich.

Kopf seitwärts drehen und Kopf heben und senken

Danach wollen wir noch ein Stück weiter nach oben wandern: zum Nacken.

Bei den zwei folgenden Übungen beachten Sie bitte, dass Ihnen im Stehen schwindlig werden könnte, führen Sie deshalb diese Übungen zunächst im Sitzen aus.

Fühlen Sie in den Nacken hinein, atmen Sie tief und vollständig ein und aus. Gerade Nacken und Schulterbereich sind sehr beansprucht, und vielleicht merken Sie bereits, wie es Ihrem Nacken gerade geht.

Zunächst wollen wir den Kopf langsam und dann immer schneller werdend von Seite zu Seite drehen. Gehen Sie dabei sehr achtsam vor. Ihr Gesicht ist völlig entspannt, Ober- und Unterkiefer sind ebenso entspannt, die Lippen sind leicht geöffnet. Wenden Sie den Kopf einatmend weit nach rechts und ausatmend weit nach links – das Kinn parallel zum Boden zeigend – immer im Wechsel.

Nur wenn dies keine Probleme bereitet, können Sie langsam Ihre Drehgeschwindigkeit steigern, bis Sie zuletzt

den Kopf leicht von Seite zu Seite schütteln. Der Atem fließt ganz frei. Dabei können Sie sämtliche Anspannungen, vor allem im Kieferbereich, herausschütteln. Nach einigen Runden werden Sie wieder langsamer und bringen Ihren Kopf zurück zur Mitte und fühlen in Kopf und Nacken, Ober- und Unterkiefer hinein. Wenn Sie die Geschwindigkeit nicht steigern wollen, weil Ihr Nacken es vielleicht gerade nicht zulässt, dann lassen Sie das Hin-und-her-Schütteln aus.

Zum Ausgleich wollen wir den Kopf heben und senken. Einatmend heben Sie den Kopf, legen ihn in den Nacken. Ausatmend und ohne große Kraftanstrengung senken Sie den Kopf nach vorne, lassen diesen wie von alleine achtsam nach vorne fallen mit Kinn Richtung Brust. Nach 3 - 6 Runden kommen Sie zurück zur Mitte und nehmen Nacken, Gesicht, Kiefer und den ganzen Kopf rundherum wahr. Dabei fließt Ihr Atem tief und vollständig ein und aus, und Sie stehen gut geerdet auf dem Boden.

Kopf auf Schulterebene kreisen

Im Anschluss beginnen Sie, ganz langsam und vorsichtig den Kopf im Uhrzeigersinn zu drehen.

Gerade bei der ersten Drehung sollten Sie sehr achtsam sein, um größere Blockaden nicht zu übergehen. Wir wollen lediglich den Nacken – die bedeutsame Verbindungsstelle von Körper und Kopf – bewusst mobilisieren, aber keinesfalls unter Spannung dehnen. Die Halswirbelsäule ist der beweglichste Teil unserer Wirbelsäule, jedoch auch ein oftmals bereits sehr beanspruchter Bereich, worauf wir Rücksicht nehmen wollen.

Sobald Sie das Gefühl haben, in der Drehung innehalten zu wollen, weil es nicht mehr weiterzugehen scheint, halten Sie inne. Atmen Sie tief ein und aus und lassen Sie ausatmend Spannungen gehen. Wenn Sie daraufhin fortfahren können, wunderbar, wenn nicht, dann gehen Sie wieder zurück zur Ausgangsposition, atmen weiter ein und aus und versuchen es abermals. Wenn es sich weiterhin unangenehm anfühlt, dann vermindern Sie die Drehung auf das für Sie Machbare.

Wenn Ihnen das Kreisen des Kopfes leichtfällt, dann führen Sie die nächsten Runden in Harmonie mit Ihrem Atem aus. Einatmend drehen Sie den Kopf über die Seite nur so weit nach hinten, bis Sie nach oben schauen, als wenn Sie vor sich hoch am Himmel einen Vogel beobachten würden. Ausatmend drehen Sie den Kopf zur anderen Seite weiter und bringen ihn dann zurück zur Mitte. Fahren Sie im Rhythmus Ihres Atems achtsam fort und genießen Sie es, wie Ihr Nacken freier und beweglicher wird. Nach 3 - 6 Runden kommen Sie mit dem Kopf zurück in die Ausgangsposition und fühlen in den Nacken hinein.

Als nächstes führen Sie die Übung gegen den Uhrzeigersinn aus und gehen dabei ebenso behutsam vor wie zuvor, denn auch hier gilt, dass wir zu große Blockaden nicht übergehen sollten. Ansonsten kreisen Sie den Kopf einatmend nach hinten, und ausatmend bringen Sie den Kopf wieder nach vorne.

Wenn Sie auch in diese Richtung 3 - 6 Runden ausgeführt haben, bringen Sie den Kopf wieder zurück in die Ausgangsposition und fühlen erneut zum Nacken hin. Lassen Sie dabei Ihren Atem weiterhin tief, vollständig und gleichmäßig ein- und ausströmen und beobachten Sie sich dabei.

Beenden der Übung

Wir haben unseren Körper systematisch von unten nach oben hin bewegt und wahrgenommen. Bleiben Sie noch für einen Moment stehen, schließen Sie die Augen und fühlen Sie bewusst in sich hinein. Lenken Sie dann Ihre Aufmerksamkeit zu Ihrer Körpermitte, zum Sonnengeflecht im Bauchbereich und nehmen Sie sich von dort aus in Ihrer Ausdehnung und Fülle wahr, nach unten, nach oben, nach rechts und nach links, nach vorne und nach hinten. Und fühlen Sie ruhig auch über sich hinaus: Wie fühlt sich der Raum unterhalb Ihrer Füße an, oberhalb Ihres Kopfes; wie fühlt sich der Raum jenseits Ihrer rechten Körperseite, der Raum jenseits der linken Körperseite an; wie fühlt sich der Raum vor Ihnen und wie hinter Ihnen an. Auch dieser Raum, der Sie gänzlich einhüllt, ist Teil Ihres Selbst.

Kommen Sie danach wieder zurück in Ihre Körpermitte, nehmen Sie Ihren Atem wahr, öffnen Sie die Augen und beginnen Sie, sich langsam zu bewegen.

»Frühjahrsputz« im Alltag

So, wie bei der »Reise durch den Körper«, können Sie auch diesen Bewegungsablauf leicht in Ihren Alltag integrieren, indem Sie die für Sie gerade aktuellen Teile nehmen und ausführen.

- Sie treten gerade auf der Stelle? Dann machen Sie doch einen Schritt beiseite, bewegen Sie Ihre Füße, Knie, Beine, schwingen Sie von Seite zu Seite, bringen Sie sich in Bewegung.
- Irgendein Körperteil signalisiert Ihnen, dass es bewegt werden möchte? Tun Sie es. Es ist wie eine Erweiterung von dem, was wir, beispielsweise nach langem Sitzen, automatisch tun, nämlich aufstehen.
- Eine Last drückt auf Ihre Schultern? Richten Sie sich auf, bewegen Sie Ihre Schultern, die Arme, den Nacken und lassen Sie die Last los.
- Sie versteifen sich gerne schnell auf etwas? Machen Sie sich locker, bewegen Sie Nacken und Schultern.
- Sie möchten Ihr Herz öffnen und weiten? Dann ziehen Sie weite Kreise mit Ihren Armen, machen im Herzbereich auf und lenken Sie Ihre Konzentration und Ihren Atem in genau diesen Bereich.
- Sie wollen sich in Ihrer ganzen Größe wahrnehmen? Fühlen Sie über Ihren Körper hinaus in den Raum, der Sie umgibt – vor und hinter Ihren Körper, rechts und links Ihres Körpers, über- und unterhalb Ihres Körpers.

Diese Umsetzung im Alltag ist keine Zeitfrage, sondern eine Frage der Aufmerksamkeit, die Sie sich sekundenschnell immer wieder schenken, damit Sie in jeder Hinsicht beweglich und geschmeidig bleiben.

Die Wirbelsäule
Unsere Lebensachse beleben

Falls Sie sich mit Katzen auskennen, sie schon beobachtet haben, wissen Sie, dass Katzen selbst im »Schlaf« äußerst wachsam sind und blitzschnell reagieren können. Sie können ihren Körper sanft, geschmeidig und kraftvoll fortbewegen, aus dem Stand um ein Vielfaches ihrer Körpergröße beinahe senkrecht hochspringen, um zielsicher am gewählten Ort zu landen.

In der folgenden Übung können wir über eine bewegliche und pulsierende Lebensachse an Wachheit und Klarheit gewinnen. Zum einen kommen wir in den Vierfüßlerstand, welcher eine sehr stabile Haltung ist, denn anstatt auf zwei Beinen und einer frei nach oben ragenden Wirbelsäule befinden wir uns nun auf vier Säulen, auf denen wir unser Gewicht gleichmäßig verteilen wollen. Dabei entlasten wir unsere Wirbelsäule wie auch die inneren Organe. Zum anderen wollen wir uns in dieser Haltung geschmeidig bewegen und unsere Wirbelsäule, welche auch unsere Lebensachse ist, mit Hilfe unseres Atems beleben. Auf körperlicher Ebene werden insbesondere die Hauptnervenstränge entlang der Wirbelsäule aktiviert – der »Strom« in uns ins Fließen gebracht. Die Stabilität der Haltung überträgt sich auch auf unsere innere Stabilität, der Druck auf die inneren Organe ist geringer, Emotionen können sich beruhigen.

auf CD

Die Wirbelsäule
Übung

Kommen Sie nun in den Vierfüßlerstand. Die Handflächen sind schulterbreit, die Knie hüftbreit auseinander am Boden. Der Rücken bildet eine parallele Linie zum Boden. Den Kopf können Sie entspannt nach unten hängen lassen. Sobald Sie das Gefühl haben, dass Sie so in einer stabilen Ausgangsposition sind, lenken Sie Ihre Konzentration auf Ihren Atem. Atmen Sie bewusst tief ein und aus. Erinnern Sie sich daran, wie Sie von unten über die Mitte nach oben einatmen und von unten über die Mitte nach oben ausatmen können. Während ich im folgenden den Bewegungsablauf ausführlich erkläre, atmen Sie tief und vollständig weiter:

Nach einer Ausatmung fügen Sie Ihrem Atemrhythmus folgende Bewegung hinzu: Mit einer Einatmung recken Sie – von unten einatmend – das Gesäß in die Höhe, bringen – in die Mitte einatmend – Ihren Rücken ins Hohlkreuz und senken dabei die Brust ab und legen zuletzt – nach oben einatmend – behutsam den Kopf in den Nacken.

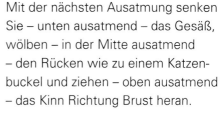

Mit der nächsten Ausatmung senken Sie – unten ausatmend – das Gesäß, wölben – in der Mitte ausatmend – den Rücken wie zu einem Katzenbuckel und ziehen – oben ausatmend – das Kinn Richtung Brust heran.

Sie werden vielleicht feststellen, dass Sie sich beim Atmen gar nicht allzu sehr auf »Unten, Mitte, Oben« konzentrieren müssen, weil Sie letztlich durch den Bewegungsablauf automatisch den jeweiligen Lungenbereich ansprechen. Und so wird Atmung und Bewegung zu einem steten harmonischen Fluss.

Nun gemeinsam: Atmen Sie jetzt ein und aus. Dann einatmend Gesäß in die Höhe, ins Hohlkreuz kommen und den Kopf in den Nacken legen, ausatmend Gesäß absenken, den Rücken wölben und Kinn Richtung Brust bringen. Führen Sie den Bewegungsablauf in Ihrem eigenen Atemrhythmus für insgesamt 3 - 6 Runden aus. Beobachten Sie dabei die Wirbelsäule. Atmen Sie kontinuierlich tief ein und aus und seien Sie in Ihrem Bewegungsfluss geschmeidig wie eine Katze.

Wenn Sie 3 - 6 Runden ausgeführt haben, kommen Sie in die Ausgangsposition, in den Vierfüßlerstand zurück und bringen dann das Gesäß zu den Fersen, die Stirn zum Boden, lassen die Arme locker am Boden liegen und entspannen den Rücken, den Nacken, die Handgelenke vollständig. Atmen Sie ein paar Runden völlig frei ein und aus, fühlen Sie nochmals zur Wirbelsäule – vielleicht nehmen Sie auch ein leichtes Prickeln entlang der Wirbelsäule wahr.

Wenn Sie bereit sind, bringen Sie Ihre Arme näher zum Körper, legen Sie den Kopf in den Nacken und richten sich mit geradem Rücken in den Fersensitz auf. Anschließend können Sie gleich Ihre Beine nach vorne ausstrecken. Lassen Sie den Atem nochmals ruhig und tief ein- und ausströmen.

Beleben der Wirbelsäule im Alltag

Bestenfalls haben Sie bereits völlig selbstverständlich die Grundhaltungen so etabliert, dass es Ihrer Wirbelsäule sowieso gut geht und alles in Ihrem Leben im Fluss ist. Dann mag diese Übung Sie darin unterstützen, dass es so bleibt.

Sollten Sie jedoch eine Schwäche bemerken, dann kann diese Übung wunderbar dabei helfen, die Lebensachse sanft und achtsam in Form und die Lebenskräfte wieder ins Fließen zu bringen. Insbesondere wenn Sie das Gefühl haben, den Boden unter den Füßen verloren zu haben, können Sie auf allen Vieren an Stabilität gewinnen, sich neu ausrichten, um im Anschluss wieder aufgerichtet und gefestigt Ihres Weges zu gehen.

Reinigende Atmung

Durch sämtliche hier aufgeführten Übungen haben Sie sowohl äußerlich als auch innerlich auf körperlicher, geistiger sowie seelischer Ebene vieles ins Fließen gebracht. Im folgenden möchten wir nun all diese auf den Weg gebrachten Dinge, die sich von uns lösen wollen, auch gehen lassen.

Mit Hilfe der reinigenden Atmung können wir unter anderem einer Übersäuerung vorbeugen und auch eine bereits vorhandene Übersäuerung reduzieren. Dann brauchen wir im buchstäblichen Sinne nicht mehr sauer zu sein und können uns und alles um uns herum ohne diesen Schleier des »Sauerseins« betrachten.

auf CD

Übung
Reinigende Atmung

Die Ausgangsposition für diese Übung ist der Fersensitz, wobei auch diese Übung auf einem Stuhl sitzend ausgeführt werden kann. Fühlen Sie nun in die aufgerichtete Haltung, in welcher Ihr Atem ungehindert tief und vollständig ein- und ausströmen kann. Sie sitzen völlig entspannt da und beobachten Ihren Atem, während ich kurz den Hauptteil des Ablaufes der reinigenden Atmung schildere:

Bei der reinigenden Atmung atmen wir besonders tief und vollständig durch die Nase ein, halten den Atem kurz an und formen dabei die Lippen so, als würden wir eine Kerze ausblasen wollen.

Uns nach vorne beugend pusten wir – ruhig hörbar – den Atem in mehreren Stößen durch den Mund aus (ohne zwischendurch einzuatmen!) bis auch der letzte Atemhauch ausgestoßen ist. Wir legen dann den Kopf in den Nacken und richten den Oberkörper, tief durch die Nase einatmend, wieder auf, um den Atem erneut auszupusten.

Diese Übung führen wir für insgesamt drei Runden aus.

Fühlen Sie jetzt nochmals kurz in Ihre Haltung hinein und atmen Sie noch einmal tief ein und aus. Dann tief einatmen, Lippen formen, den Atem vollständig ausstoßen, Kopf in den Nacken, einatmend wieder aufrichten und im Anschluss sofort weitere zwei Runden ausführen.

Nach der dritten Ausatmung legen Sie den Kopf in den Nacken, richten sich mit geradem Rücken auf, lösen die Haltung, entspannen und lassen den Atem ganz frei fließen.

Reinigende Atmung im Alltag

Sie sind sauer auf etwas, auf jemanden, auf sich selbst? Irgendein stilles Eckchen werden Sie bestimmt finden, um »dicke Luft« abzulassen und »frische Luft« aufzutanken. Pusten Sie Gewitterwolken vor dem Schlafengehen weg, dann können Sie nach einer erholsamen Nachtruhe einen neuen Blick darauf werfen, und vielleicht hat sich das Gewitter über Nacht sogar verzogen. Nutzen Sie die reinigende Atmung auch spontan, wenn Sie das Gefühl haben, dass sich etwas mit mehr Nachdruck als nur mit tiefer Ein- und Ausatmung von Ihnen lösen darf.

Schlussbetrachtung

Wie belebend kann sich ein neuer, klarer, frischer Tag am Morgen anfühlen und wie einladend ist es dann, einen solchen Tag mit freudigem Schaffen zu füllen.

Übungen wie der Frühjahrsputz, das Beleben der Wirbelsäule sowie die reinigende Atmung können Sie in genau diesem Sinne wie eine Erfrischungskur erleben, damit Sie wach und klar ins Tun kommen können, nötige Entscheidungen eine eindeutige Richtung bekommen, was durch das Erkennen des Lebenssinns, der Lebensaufgabe und des Lebensweges unterstützt wird.

Lebenssinn
Lebensaufgabe
Lebensweg

Die drei Herzenssätze
Meine begleitende Arbeit

Der rote Faden
im Leben
hin zu
liebevoller Entfaltung

Lebenssinn, Lebensaufgabe und Lebensweg

Wir haben mit all den beschriebenen Übungen durch unser Tun erfahren können, wie wir aktiv auf unser Sein Einfluss nehmen können. Denn wenn wir glücklich sein möchten, setzt das voraus, etwas Glückliches zu tun. Wenn wir gesund sein möchten, setzt das voraus, etwas Gesundes zu tun. Dies fällt uns leichter, wenn wir einen gewissen Grad an Glück und Gesundheit haben.

Sollten wir uns vom Glück verlassen fühlen, sollte eine Krankheit an uns zehren, mag der Kraftaufwand Glückliches und Gesundes zu tun, erheblich höher sein, vielleicht sogar nicht mehr als »lohnenswert« betrachtet werden. Jedoch: Es lohnt sich immer. Ganz gleich, wie wir situationsbedingt auch eingeschränkt sein mögen, kann uns niemand den inneren Dialog nehmen und unsere innere Haltung einschränken. Viele von Ihnen werden das Lied »Die Gedanken sind frei« kennen – ja, es steht uns jederzeit frei, egal in welcher Situation, darüber zu entscheiden, wie wir einer Herausforderung begegnen (= freier Wille).

Das mag in bestimmten Umständen unmöglich anmuten, aber das Wissen und Verstehen des Lebenssinns kann dann eine große Hilfe sein. Über unser Tun und Sein, über unsere Entscheidungen, wie wir mit Herausforderungen umgehen, beschreiben wir unseren Lebensweg. Dabei sind Haltung, Atmung, Wohlgefühl, Wachheit und Klarheit – wie früher für einen Kapitän die Sterne, die Wolken, das Wasser und die Strömung – Werkzeuge, um den Weg zu finden, zu erkennen und zu verstehen.

Und so wie ein Kapitän über die Sprache der Natur und deren Wahrnehmung geführt wird und sein Schiff sicher in den nächsten Hafen navigieren kann, ist auch jeder Einzelne von uns in seinem Dasein geführt. Wenn wir aus einer aufgerichteten Haltung heraus, über den Atem mit Himmel und

Erde verbunden, mit uns selbst im Wohlgefühl, in Liebe, wach und klar in unserem Leben mit unserem inneren Auge schauen, unser Bauchgefühl wahrnehmen, Geistesblitzen Beachtung schenken, inneres Wissen freilegen, machen wir uns vom bloßen mitfahrenden Passagier zum Kapitän unseres Lebensschiffes.

Je achtsamer, wissender und weiser wir unser Schiff navigieren, desto weniger Hindernissen werden wir begegnen. Die Herausforderungen bleiben, es wird weiterhin Stürme und andere Unwetter geben, jedoch werden wir eher wissen, damit umzugehen, Vorwarnungen werden wir früher erkennen können. Wir werden uns weniger schnell fehlleiten lassen, da wir den Gestirnen, den Zeichen des Universums vertrauen. Sie haben uns mit stetig größerer alltäglicher Erfahrung immer ans Ziel geführt. Und wir lernen unserer Wahrnehmung zu vertrauen: Nur weil ein Kapitän immer eine bestimmte Route gewählt hat, wird er sie, wenn dort eine unüberwindbare Gefahr auftaucht, nicht aus reiner Gewohnheit wieder nehmen.

Genauso verhält es sich mit unseren Gewohnheiten. Wir lernen immer besser zu unterscheiden, welche Gewohnheiten hinderlich und welche Gewohnheiten förderlich für uns sind. Wir nehmen immer besser wahr, welche Gewohnheiten uns schaden und darin hindern, zu leben, was gut für uns ist – was dem Lebenssinn und der individuellen Lebensaufgabe entspricht.

Was ist der Lebenssinn?
Was ist die Lebensaufgabe?
Und was ist der Lebensweg?

Bei all den bisherigen Übungen konnten wir Erfahrungen an unserem eigenen Leib machen, unsere Selbstwahrnehmung schulen und gingen von dort über das physisch Wahrgenommene hinaus. Wenn wir uns nun mit dem Lebenssinn und unserer Lebensaufgabe befassen, ist es genau andersherum: Wir gehen aus einer anderen Dimension kommend in das manifestierte körperliche Leben. Dabei gehen wir davon aus, dass Sie über das Erleben der bisherigen Übungen immer gefestigter auf der Erde stehen und der Grenzenlosigkeit des Himmels gegenüber immer offener und weiter geworden sind. Für alle diejenigen, die an dieser Stelle trotzdem etwas Fassbareres, aus Erfahrung Generiertes benötigen, werde ich bei den folgenden Definitionen von Lebenssinn, Lebensaufgabe und Lebensweg die Mitteilungen einschließen, die Menschen mit einer Nahtoderfahrung nach der Rückkehr in ihr Leben mitgebracht haben.

Den Lebenssinn und die Lebensaufgabe im Alltag präsent zu haben und Entscheidungen im Wissen um sie zu treffen, lässt unseren Alltag zu dem werden, was er sein soll: ein liebevoller und sinnvoller Lebensweg.

Zum Lebenssinn

Der Sinn unseres Daseins, unseres Lebens überhaupt ist die Liebe. Erinnern Sie sich an das Märchen, in welchem ein Kind seine Mutter sucht und nicht findet? Das Kind beschreibt die Mutter in allen Facetten der herrlichsten Schönheit, Anmut und Klugheit. Die Helfenden bringen alle schönen und klugen Frauen herbei, um zu fragen, ob denn diese oder jene seine Mutter sei. Das Kind verneint dies stets und meint, seine Mutter sei noch viel schöner als jede dieser Frauen. Als dann ein altes hutzeliges Weiblein des Weges kommt, erkennt es dieses sofort als seine Mutter. Das Kind hat in ihr all die Schönheit und Herrlichkeit wahrgenommen, weil es mit einem sehenden Herzen und nicht mit bloßen Augen geschaut hatte. Dies ist ein wundervolles Beispiel bedingungsloser Liebe.

Menschen mit einer Nahtoderfahrung kommen mit dieser wichtigen Botschaft zurück ins Leben, mit der Erfahrung der All-Liebe, einer Liebe, von der sie sich eingehüllt und in ihrem Sein vollkommen angenommen fühlten – so, wie sie sind, mit allen Schwächen und Stärken, denn in den geistigen Welten gibt es diese Begriffe nicht, dort gibt es nur das Sein an sich.

Zur Lebensaufgabe

In der individuellen Lebensaufgabe ist immer der Lebenssinn, nämlich die Entwicklung hin zur All-Liebe, enthalten. Die Lebensaufgabe konkretisiert, mit welchem Tun und Sein wir uns diese Liebe immer mehr erschließen möchten. Und dabei gilt es herauszufinden, was Sie innerlich zum Strahlen bringt, welche Qualitäten Sie in Ihrem Leben besonders berühren und weiterbringen. Das ist nicht immer einfach, wenn wir berücksichtigen, dass wir durch viele Einflüsse aus unserer Erziehung und aus unserem Umfeld geprägt sind.

Doch je bewusster wir uns unseres Erlebens und Wahrnehmens werden, desto eher werden wir Schritt für Schritt erkennen können oder auch ganz unvermittelt wissen, was wir hier und jetzt in diesem Leben für Herzensaufgaben haben.

Doch unabhängig davon, ob es um schädliche Gewohnheiten und Muster geht, welche wir als Kind unbewusst mit auf den Weg bekommen haben, oder um Umstände, die wir uns schon in der geistigen Welt selbst ausgesucht haben, gilt es, im Hier und Jetzt nicht damit zu hadern, sondern daran zu wachsen, um ihnen zu entwachsen. Nicht wir lösen dann das Problem, sondern das Problem selbst löst sich auf, weil es für uns kein Problem mehr ist. Wir können auch sagen, wir gehen die und die Schritte und bemerken dann, dass wir die Gewohnheit gar nicht mehr benötigen, diese gar nicht mehr hilfreich ist, weil sie bis dahin lediglich etwas überdeckt hat, was es nun gar nicht mehr zu überdecken gilt.

Menschen mit einer Nahtoderfahrung berichten, dass sie in einer Art Lebensrückschau völlig urteilsfrei nachvollziehen konnten, wie sich alle Gedanken und Worte sowie alles Handeln bei Ihnen selbst und bei anderen auswirkte und wie es jedem damit ging. Sie sahen nicht nur die Person, sondern fühlten zugleich wie diese Person. Sie durften auch erkennen, warum sie beispielsweise so unglücklich waren, was zu einer Krankheit führte und so fort.

Diese Menschen haben die Verbundenheit, die so oft zitierte Einheit mit allem erlebt. Das trug zum einen zu einem immens gesteigerten Mitgefühl bei – nicht zu verwechseln mit Mitleid – und zum anderen war es ein umfassendes direktes Feedback darauf, wann sie in Liebe und wann sie nicht in Liebe gedacht, gesprochen oder gehandelt haben und wie die Zusammenhänge zu verstehen sind – in Bezug auf sich selbst oder andere. Das hat nach der Nahtoderfahrung oft dazu geführt, dass sie sich ganz selbstverständlich auf den Lebenssinn der Liebe ausrichteten und so ihr Leben vom Herzen her leben – ihrer Lebensaufgabe entsprechend.

Zum Lebensweg

Und so können wir auch unseren Lebensweg betrachten: Es ist ein Weg, der uns in unserer Entwicklung zur All-Liebe immer weiter voranbringt. Jeder kennt den Ausspruch: »Man lernt nie aus« – das hat sicherlich für jeden Lebensweg Gültigkeit. Denn es ist eine stetige Entwicklung (→ Lebensweg), die unser Herz immer mehr strahlen lässt (→ Lebenssinn). Anstatt von einem Hoch zum nächsten Tief und wieder zu einem Hoch zu gelangen, wird aus diesen Wellenbergen und -tälern eher eine sanfte, aufwärtsstrebende Wellenlinie. Dabei können wir die leichte Wellenlinie als im Gleichgewicht stehend sehen und das Aufwärtsstreben dieser Wellenlinie als die – durch die Erfüllung der Lebensaufgabe – schrittweise Entfaltung hin zur Liebe betrachten.

Wenn wir erst damit beginnen, den Lebenssinn und unsere Lebensaufgabe zu erkennen und bewusst unseren Lebensweg zu gehen, mag das Bewusstsein davon die größte Herausforderung sein, weil das bedeuten kann, etwas zu verändern, in Bewegung zu bringen. Und Umstände, die erstarrt sind, zu bewegen, kann anfangs schon etwas Kraft und Überwindung kosten. Wenn wir jedoch Bereitschaft zeigen, es zu tun, weil wir innerlich wissen, dass am Ende des Tunnels das Licht scheint – und dessen dürfen wir gewiss sein – dann können wir uns auch jeglicher Hilfe sicher sein. Das hat zur Folge, dass all das Schwere und Unmögliche an Leichtigkeit gewinnt und das Mögliche durchzuscheinen vermag.

Auch dabei mag uns die Erfahrung von Menschen mit einer Nahtoderfahrung weiterhelfen, welche mit einem Urvertrauen in die Schöpferkraft sowie der Überzeugung, dass der Tod nurmehr ein Übergang in ein anderes Dasein ist, zurückkommen. Für den Lebensweg bedeutet das, dass dieser eine Station auf einer langen Reise unseres Selbst ist und mitbestimmend für den weiteren Verlauf der nächsten Stationen, immer auf den Weg hin zur bedingungslosen Liebe.

Fassen wir die drei wichtigen Punkte zusammen:

Das sind erstens der **Lebenssinn,** der die Erfahrung immer geliebt zu sein umschließt, zweitens die **Lebensaufgabe,** die uns die Möglichkeit gibt, über die Resonanz mit anderen Menschen und Tieren und der Natur die Verbundenheit mit allem und jedem zu erfahren, und drittens der **Lebensweg,** der in ein absolutes Urvertrauen in die Schöpferkraft münden darf, ohne die geringste Angst vor dem Tod zu haben.

Die drei Herzenssätze
als Leitfaden zum Umgang mit Lebenssinn, Lebensaufgabe und Lebensweg

Wenn wir uns des Lebenssinns, der Lebensaufgabe und des Lebensweges bewusst sind und sie konkret im Alltag erleben – dafür benötigen wir keine Nahtoderfahrung –, hilft uns das letztlich dabei, bereits hier den »Himmel auf Erden« zu leben.

Um all dies hier und jetzt im Leben ankommen zu lassen, müssen wir jedoch bereit sein, über unsere meist linear wahrgenommene Wirklichkeit und unsere polaren Verhaltensweisen – Schwarz-Weiß-Sicht – hinauszusehen.

So wie die Nahtoderfahrung oft dadurch ermöglicht wurde, dass die betreffenden Menschen nicht mehr von ihrem physischen Gehirn gefangen waren, sondern gerade durch dessen Funktionsunfähigkeit auf eine neue Bewusstseinsebene kamen, welche frei von Zeit und Raum war, frei von Beurteilung und voller Liebe, geht es darum, im Hier und Jetzt unser Bewusstsein zu schulen und zu weiten, um immer weniger im Beurteilungsmodus von Gut/Böse, Richtig/Falsch und so fort zu agieren.

Um dies verständlich zu machen, möchte ich an dieser Stelle auf ein weiteres Beispiel vom Erleben und Wahrnehmen kleiner Kinder kommen. Denn hier säen wir, was gedeihen möchte.

Lassen wir ein kleines Kind völlig vertieft in das Malen eines Bildes sein. Wir können es einfach malen lassen, und wenn es meint, fertig zu sein, erzählt es vielleicht etwas dazu, vielleicht auch nicht. Wir können – und das geschieht oft – von uns aus dieses »Vertieft-in-das-Malen-Sein« unterbrechen, indem wir beispielsweise beginnen, das Bild aus unserer Sicht zu kommentieren oder gar eingreifen, indem wir zeigen, dass ein Haus ja eigentlich so und so zu malen sei oder man hier noch eine Blume malen könnte oder eine

Sonne, damit das Bild »schön« wird. Gerade noch hatte sich das Kind auf etwas eingelassen, in diesem hier beschriebenen Beispiel seinem Sein über das Malen Ausdruck verliehen – stopp – dann ist es vorbei, es wird innerlich herausgerissen, es findet Trennung statt. Das Kind ist nicht mehr in seinem Sein, sondern plötzlich in der Rolle eines Kindes, das lernen soll, wie ein Haus zu malen ist, weil das Haus in den Augen des Erwachsenen verbesserungswürdig schien.

Wir neigen dazu, schnell zu beurteilen und zu verurteilen. Doch in dem Moment, in dem wir etwas als falsch oder richtig, schwarz oder weiß, gut oder böse abtun, grenzen wir ein, beschränken die Sichtweise auf die in diesem Moment von uns subjektiv wahrgenommene, selbst wenn wir es noch so gut meinen. Dabei haben gerade kleine Kinder aufgrund der noch weitgehend fehlenden einschränkenden Erfahrung von Raum und Zeit und durch das »Abtauchen-Können« in ihre »kleine Welt« (die meist um Dimensionen größer ist, als wir sie als Erwachsene wahrnehmen) und der **»Die-Welt-ist-gut«-Haltung,** die Möglichkeit, sich diese Offenheit und eine **»Alles-ist-möglich«-Neugierde** zu bewahren, wenn wir sie diese leben lassen und nur bei tatsächlicher Gefahr eingreifen. So viele Dinge im Leben, die nicht nur über Logik und Verstand zu begreifen sind, werden diese Kinder dann später, verwurzelt im Urvertrauen, mit bewusstem Erleben und innerem Verstehen füllen können.

Im Zusammenhang mit bedingungsloser Liebe erwähnte ich zuvor das Märchen, in welchem ein Kind ein scheinbar altes hutzeliges Mütterlein als die Schönste der Schönen beschrieben hatte. Auch das ist eine Qualität, welche die kleinen Erdenmenschlein mitbringen, die vielfach noch völlig frei mit dem Herzen sehen.

Wenn wir lernen, dieses **tiefe bedingungslos liebevolle Schauen** und die **Fähigkeit des »Im-Moment-Seins«** in den heranwachsenden Kindern zu bewahren, die sehr wohl feststellen werden, dass die Welt nicht nur gut ist und dies auch spüren, weil auch sie ihren freien Willen zur Verfügung haben, werden sie doch einen anderen Umgang mit ihrem freien Willen pflegen und dadurch Liebe in die Welt hineintragen können. Wenn wir aber dieses tiefere, wahrhaftige Erkennen nicht erwachsen werden lassen und abwürgen, werden auch sie viel mehr durch *trial and error* (Versuch und Irrtum) wieder lernen müssen, den Weg zu einem sehenden Herzen aufzutun, damit sie weder sich selbst noch anderen Leid zufügen.

Unabhängig davon, ob wir eigene Kinder haben oder sonst in irgendeiner Art und Weise mit Kindern zu tun haben, sind wir letztlich alle Kinder gewesen und jeder trägt das »innere Kind«, nämlich all die Gefühle, Erinnerungen und Erfahrungen aus der eigenen Kindheit, lebenslang in sich. Insbesondere unser inneres Kind hat es vielleicht nötig, neu wahrgenommen, liebevoll in seinem Sein bestätigt und zu neuen Erfahrungen ermutigt zu werden.

Aus diesen Erkenntnissen resultieren folgende **drei Herzenssätze,** welche aufeinander aufbauend den Herzensweg beschreiben – den Weg zu einem sehenden Herzen auftun – sowohl bei unseren Kindern als auch bei uns, das innere Kind mit eingeschlossen:

Satz eins

Kinder/das innere Kind immer darin bestätigen, dass sie bedingungslos geliebt sind.
Das Kind/innere Kind kommt eingehüllt in einen Mantel von bedingungsloser Liebe auf der Erde an – nach dem Motto: »Alles ist gut.«

Satz zwei

Das Kind den Umgang mit dem freien Willen selbst erleben lassen, nur bei tatsächlicher Gefahr – ob für sich selbst oder andere – eingreifen.

Der Mantel wird in der Hinsicht löchrig, dass das Kind/innere Kind merkt, dass das, was um es herum geschieht, nicht immer gut ist, und es lernt auch bei sich selbst kennen, dass je nachdem, wie es was macht, unterschiedliche Reaktionen/Konsequenzen folgen.

Satz drei

**Den freien Willen immer
mit der liebevollen Absicht verknüpfen.**
Die Löcher des Mantels werden dadurch gestopft, dass das Kind/innere Kind merkt, dass, wenn die Ausübung des freien Willens auf der Grundlage bedingungsloser Liebe geschieht und nicht aus einem Täter- oder Opferdenken heraus motiviert ist, alles wieder gut ist und sogar besser werden kann.

Wir merken uns:

**Diesen »Herzensweg« verinnerlichen und leben,
denn nur so ist dieser authentisch,
kommt von Herzen und findet beim anderen
– sei es Kind, Erwachsener oder auch das innere Kind –
im tiefsten Inneren Einlass!**
Wir sind alle in diesen Mantel eingehüllt!

Nur über die Liebe kann alles heilen. Und da letztlich Zeit und Raum völlig zweitrangig sind, geht es dabei um keine abgegrenzte Dimension, in welcher dies zu geschehen hat, sondern es ist ein laufender Prozess, ein fortwährendes erneutes Aufschwingen zur Liebe.

Übungen und Anregungen
zum Umgang mit dem Lebenssinn, dem Lebensweg und der Lebensaufgabe im Alltag sowie meine begleitende Arbeit

Wir haben nun den Lebenssinn, die Lebensaufgabe und den Lebensweg vorwiegend theoretisch beleuchtet. Im folgenden werde ich Sie praktisch darin eintauchen lassen: im Hinblick auf den Lebenssinn über die Übung »In Liebe sein« und in Bezug auf den Lebensweg und die Lebensaufgabe über konkrete Anregungen, wie Sie in Ihrem Alltag Ihren persönlichen Lebensweg und Ihren derzeitigen Standpunkt im Leben in Liebe betrachten, Ihre individuelle Lebensaufgabe entdecken und daraufhin auf Ihrem Lebensweg – Ihrer Lebensaufgabe entsprechend – vorangehen können. Zudem beschreibe ich Ihnen, wie meine begleitende Arbeit hier einfließen kann.

Kommen Sie bei dieser »Wahrnehmungsschulung« für Ihr Leben ruhig immer wieder auf den eben beschriebenen Herzensweg zurück, den Sie wie einen liebevollen Leitfaden verinnerlichen können und der Sie dabei unterstützen kann, eine liebevolle, aufrichtige Haltung zu bewahren oder wieder einzunehmen.

Anregungen zum Umgang mit dem Lebenssinn im Alltag

An dieser Stelle möchte ich Ihnen eine Übung mit auf den Weg geben, die es ermöglichen kann, entsprechend dem Lebenssinn mehr und mehr in Liebe mit sich zu sein.

Oft sind wir sehr schnell und sehr einseitig im Urteil über andere. Das sind wir in der Regel, weil wir ebenso hart und unbarmherzig mit uns selbst sind. Über die in den vorherigen Kapiteln aufgeführten Übungen durften Sie sich liebevoll, achtsam und Ihren Möglichkeiten entsprechend begegnen und besser kennenlernen. Im Kapitel »Basis: Die Übungen« gab ich Hinweise, wie Sie die Übungen am besten angehen. Sie konnten Ihr Bewusstsein für sich selbst schulen, damit Sie letztlich auch in kritischen Situationen aus einer liebevollen Haltung heraus handeln können. All diese Übungen und Umsetzungsbeispiele für den Alltag gründen bereits im Lebenssinn der Liebe und gaben Ihnen Gelegenheit, ihn zu leben.

Wie bedeutsam diese Selbstliebe ist, bemerken wir spätestens, wenn wir uns unserem persönlichen Lebensweg und unserer individuellen Lebensaufgabe widmen wollen. Denn blicken wir auf unser bisheriges Leben bis zum aktuellen Punkt auf unseren Lebensweg, ist es wichtig, dass wir das mit einem liebevollen Blick auf uns tun, da die Vergangenheit nicht mehr rückgängig gemacht werden kann. Und genau diese Tatsache kann sehr schmerzhaft sein – je nachdem, was wir erlebt haben oder gerade erleben. Jedoch – und das ist das Erhellende dabei – all diese persönlichen Erlebnisse dienen nichts anderem als der Entwicklung hin zur Liebe, hin zum Urvertrauen – damit unser Sein in Liebe münden darf, irgendwann dort auch münden wird und der Weg dorthin, für jeden einzelnen von uns, nur über die Liebe geht. Und gerade deshalb wollen wir uns dieser Liebe widmen.

auf CD   Übung »In Liebe sein«

Kommen Sie in eine der beschriebenen Sitzhaltungen – sei es auf einer Sitzgelegenheit oder auf dem Boden. Es ist wichtig, dass die Haltung bequem ist und trotzdem die nötige Wachheit und Zentrierung bestehen bleibt. Schließen Sie Ihre Augen, richten Sie sich auf, setzen Sie sich auf; Ihr Atem hilft Ihnen dabei. Er strömt tief, vollständig und gleichmäßig durch die Nase ein und durch die Nase aus. Mit jeder Einatmung fühlen Sie, wie Sie sich noch mehr aufrichten, sich innerlich wie äußerlich gen Himmel strecken, weiten und öffnen, und mit jeder Ausatmung fühlen Sie, wie Sie fest und sicher am Boden oder auf einem Stuhl sitzen, Ihnen über das Gesäß oder die Füße Wurzeln bis tief in die Erde wachsen.

Dann fühlen Sie zu Ihrem Herzen, welches warm und wohlig eingebettet ist. Beschenken Sie es mit noch mehr Wärme und Zuneigung, bis Sie sich von Ihrem Herzen ausgehend rundherum warm und wohlig eingehüllt fühlen. In diesem Raum können Sie sich wohl und sicher fühlen, und Sie lassen nur Liebevolles in diesen warmen, lichten Raum eindringen.

Sie sind ganz wach. Etwaige Müdigkeit können Sie kurz wegpusten, beispielsweise mit der reinigenden Atmung, oder wegschütteln, beispielsweise, indem Sie kurz Ihren ganzen Körper achtsam locker durchschütteln.

Dann betrachten Sie für einen Moment Ihre Gedanken. Sie wollen für eine Weile ganz klar sein, deshalb packen Sie Ihre Gedanken auf einen Zug, der genug Anhänger hat, um alle unterzubringen, und beobachten Sie, wie dieser Zug mit Ihren Gedanken im Gepäck an Ihnen vorübersaust und Sie gar keine Möglichkeit haben, sich auch nur einem einzigen Gedanken länger zu widmen. Wenn ein neuer Gedanke kommt, packen Sie auch diesen auf den vorüberfahrenden Zug. Den lassen Sie immer weiterfahren und widmen sich wieder Ihrem beruhigenden, tiefen Atem und weiten, lichten Herzen.

Stellen Sie sich dann vor, wie Sie sich selbst liebevoll betrachten. Sie schauen sich von unten bis oben an, einfach so, als ob Sie vor einem Spiegel stehen würden. Mit dem einzigen wichtigen Unterschied, dass Sie, sobald Sie in eine beurteilende Beobachtung – im Sinne von schön/weniger schön – abgleiten möchten, diese Gedanken sogleich auf den nächsten Anhänger des Zuges packen und davonfahren lassen.

Diese möglichst neutrale äußere Betrachtung Ihrer selbst kann Ihnen dabei helfen, emotionale Hochs oder Tiefs, die bloß auf der Betrachtung Ihres Äußeren beruhen, einzuebnen, damit Sie leichter in der Lage sind, den Blick jetzt nach innen zu wenden:

Was kommt Ihnen in diesem Moment zu folgenden Fragen in den Sinn:
    Was mögen Sie an sich?
    Worin liegen Ihre Stärken?

Vielleicht hat jemand schon bemerkt, dass Sie besonders gut zuhören können? Sie mögen Ihre Lachfältchen gerne, weil Sie viel lachen und Humor haben? Kinder gehen auf Sie zu, weil Sie immer etwas Spannendes zu erzählen haben? Sie kochen lecker? Sehen Sie das für Sie Naheliegende, es gibt so viele Stärken zu entdecken. Und vielleicht kommt Ihnen eine wundervolle Eigenschaft in den Sinn, die sich über die Jahre immer mehr versteckt hat? Oder gar in einer Schublade als vermeintlich schlechte Eigenschaft verschwand?

Schenken Sie dann, all dem, was Sie Gutes in sich entdecken konnten, voller Dankbarkeit eine innere Umarmung.

Kommen wir dann zu den nächsten Fragen:
    Was mögen Sie weniger an sich?
    Wo liegen etwaige Schwächen?

Vielleicht bekommen Sie immer wieder ähnliche Kritik von unterschiedlichen Personen? Sind Sie schnell ungeduldig? Neigen Sie dazu, durch das Leben zu rennen, ohne links und rechts zu schauen? Sind es Schmerzen, die Sie belasten, oder liegt Ihre Schwäche gar darin, Ihre Stärken nicht annehmen zu wollen oder zu können? Auch hier betrachten Sie das für Sie Naheliegende. Und vielleicht kommt Ihnen eine belastende, kraftraubende Eigenheit in den Sinn, die sich über die Jahre aus welchen Gründen auch immer, in Ihnen festsetzen konnte?

Schenken Sie dann all dem, was Sie weniger oder so gar nicht an sich mögen, ebenfalls eine innere Umarmung. Falls Ihnen dies schwerfallen sollte, dann wiederholen Sie die Umarmung im Sinne der Ganzheit – im Sinne von: »Auch dieser Teil gehört zu mir und auch dieser Teil möchte geliebt sein, denn die Liebe ist es, welche heilt.«

Nachdem Sie eine Weile auf diesem Wege liebevoll und ehrlich Ihren Blick nach innen gewendet haben, sprechen Sie innerlich zu sich selbst: »Ich bin liebenswert.«

Können Sie dabei von Herzen mitgehen oder widerstrebt es Ihnen?

Wenn Sie so gar nicht das Gefühl haben, liebenswert zu sein, dann mag Ihnen vielleicht schon in den Sinn gekommen sein, was dieses Gefühl in Ihnen auslöst, sei es, dass, sprichwörtlich betrachtet, für Sie das Glas immer halb leer zu sein scheint oder auch gar nicht voll genug sein kann. Ganz gleich, in welche Richtung es geht: Packen Sie auch diese Gedanken, Gefühle auf die Anhänger des Zuges, den wir uns bereits zuvor zunutze gemacht haben, und lassen Sie ihn weiterfahren.

Kommen Sie immer mehr in einen Zustand der Liebe, des »Angenommen-Seins« – mit all Ihren Eigenheiten! Und sagen Sie ruhig und sehr bestimmt nochmals mental zu sich selbst: »Ich bin liebenswert.«

Stellen Sie sich dabei vor oder fühlen Sie, wie Sie in einem Meer von Liebe schwimmen, in Liebe, die keine Erwartungen hegt, keinen Termindruck hat, nicht gefallen muss, sondern von Herzen erlebt werden kann und darf, sobald Sie sich auf diese Liebe einlassen, in diesem Meer von Liebe aufgehen, durchlässig werden für all diese vielen Liebestropfen, welche jede Zelle Ihres Körpers durchdringen. Genießen Sie dieses Liebesbad in seiner Fülle.

Betrachten Sie sich dann erneut. Sie können dabei ruhig im Meer der Liebe verweilen. Fühlen Sie in sich hinein. Vielleicht nehmen Sie einen Unterschied wahr? Beobachten Sie sich in dem Bewusstsein, dass selbst Eigenschaften, Einstellungen, welche nicht in Liebe gründen, nur dann umgewandelt werden können, wenn wir dies aus dem Antrieb der Liebe heraus tun und nicht aus dem Antrieb des Hasses oder Verurteilens.

Stellen Sie sich dann vor, wie Sie sich selbst in den Arm nehmen und beruhigend wiegen. Schenken Sie sich die Liebe und Geborgenheit, die eine Mutter ihrem Kind gibt, wenn sie es wohlbehütet am Herzen trägt. Sie sind und bleiben immer in dieser Liebe, die so gar nicht bewertet, sondern nur ist, einhüllt und beschützt.

In einem Gefühl der Dankbarkeit und Liebe richten Sie sich mit einer tiefen Einatmung nochmals auf und lassen alles Heilsame in Ihr Herz, und mit einer tiefen Ausatmung lassen Sie all das, was von Ihnen in diesem Moment abgleiten möchte, los.

Lösen Sie langsam Ihre Haltung, bewegen Sie sich und öffnen Sie die Augen.

Gerade diese Übung werden Sie bei jeder erneuten Ausführung unterschiedlich erleben. Von Mal zu Mal können Sie sich in ihrem ganzen Wesen immer bewusster und vielfältiger wahrnehmen. Sie können immer leichter ehrlich und offen auf Ihre Qualitäten und zahlreichen Facetten – ob Stärken oder Schwächen – schauen, weil Sie dies in liebevoller Absicht tun, weil Sie sich annehmen wie Sie sind. Dadurch ebnen Sie sich den Weg, Ihre Stärken zu nutzen und Schwächen umzuwandeln.

Meine begleitende Arbeit

In dieser Liebe zu uns selbst können wir uns jetzt der individuellen Lebensaufgabe und dem persönlichen Lebensweg widmen. Zum einen können Sie das alleine auf sich gestellt tun, zum anderen setzt an diesem Punkt meine begleitende Arbeit oder die eines anderen für Sie hilfreichen Menschen an. Denn es ist gut möglich, dass Sie in Ihrem Leben mit Erfahrungen umgehen mussten und müssen, die es Ihnen nicht gerade leichtmachen, wahrhaftig liebevoll – auch nicht mit einem zynischen Unterton – auf Ihren Lebensweg zu schauen. Vielleicht hat Ihnen die vorhergehende Übung zeigen können, wie leicht oder vielleicht auch nicht so leicht es Ihnen im Moment fällt, sich mit all Ihren Stärken und Schwächen anzunehmen. Es mag sein, dass zu viel Bitteres, Schmerzhaftes, Blockierendes und stark Einnehmendes die Sicht des Herzens verstellt. In diesem Fall ist es gut, wenn Sie nicht auf sich alleine gestellt mit etwaigen Bildern, Impulsen, Gedanken in Bezug auf Ihren Lebensweg und Ihrer Lebensaufgabe konfrontiert werden, sondern sich von einer vertrauensvollen, neutralen und qualifizierten Person dabei begleiten lassen.

Meine begleitende Arbeit mit Ihnen würde folgendermaßen aussehen: Ich nehme die lichtvollen geistigen Welten wahr, welche mir klare Durchsagen zum derzeitigen Standpunkt in Ihrem Leben und zu den Perspektiven, die sich Ihnen öffnen möchten, geben. Dabei gehe ich mitunter auch auf Ihre persönlichen Fragestellungen ein, sei es in Bezug auf Gesundheit, etwaige Lebenskrisen, Trauer, sonstige Schicksalsschläge – eben dem, was in Ihrem Alltag gerade eine Herzensangelegenheit ist, die einer Lösung bedarf.

Ich vermittle Ihnen die entsprechende Botschaft und gebe Ihnen Möglichkeiten an die Hand, über diese Erkenntnisse Ihre Situation zu verstehen und mit ihr umzugehen, um einen sinnvollen, guten Entwicklungsprozess nach vorne anzuregen. Unterstützend können energetische Behandlungen Blockaden lösen, Ihren Lebensfluss zum Fließen bringen sowie kurzfristig Ihre Kraftreserven auffüllen, jedoch immer in Hinblick darauf, sich so zu festigen und zu stabilisieren, dass Sie mehr und mehr den Herausforderungen selbst gewachsen sind. Insbesondere in meinen Seminaren leite ich Sie dazu an und schule Sie darin, in Begleitung und doch für sich selbst zu Erkenntnissen und Lösungen zu gelangen und in die Kraft der Umsetzung zu kommen.

Anregungen zum Umgang mit dem Lebensweg im Alltag

Unabhängig davon, ob Sie sich nun zunächst begleiten lassen oder auf festem Grund stehend in Liebe mit sich selbst für sich allein fortfahren möchten, sind die folgenden Anregungen zum Umgang mit dem Lebensweg wie auch zum Erkennen der Lebensaufgabe ein wichtiger Schritt auf dem Weg zu deren Umsetzung im Alltag. Jedoch werde ich hierfür keine eingegrenzte, zeitlich abgesteckte Übung vorgeben. Denn Sie sollen aus sich heraus die Zeit, die Sie wirklich benötigen, und die Schritte, die Sie gehen möchten, bestimmen können. Weder den Lebensweg noch die Lebensaufgabe können wir in wenigen Minuten abhandeln, sondern in dem Moment, in welchem wir uns darauf einlassen, darf ein Prozess beginnen – ganz individuell getaktet. Letztlich geht es darum, dass Sie einen guten Umgang mit Ihrer Lebensgeschichte finden und davon ausgehend Ihre Lebensaufgabe entweder wieder aufdecken oder neu entdecken, um Ihrer Lebensaufgabe entsprechend Ihren Lebensweg liebevoll und sinnvoll auszurichten und zu gehen.

Kommen wir zu Ihrem Lebensweg. Jeden Weg gibt es nur ein einziges Mal. Das bedeutet schon einmal, dass jeglicher

Vergleich hinfällig ist und hinkt. Betrachten Sie also, wenn Sie Ihren Lebensweg anschauen, Ihren einzigartigen Lebensweg, den Sie bis heute gegangen sind. Vielleicht ertappen Sie sich dabei, festzustellen, dass Ihr Lebensweg auch anders hätte verlaufen können. Das mag sein, doch auch hier können Sie versuchen, selbst wenn es schwerfallen sollte, sich zu sagen: »Mein Weg ist bis hierher genau so verlaufen.«

Nehmen Sie sich alle Zeit der Welt, die Sie an diesem Punkt benötigen, bis Sie annehmen können, dass Ihr Lebensweg bis hierher genau so verlaufen ist. Denn das ist von großer Bedeutung: Erst im Moment des »Annehmen-Könnens« lassen Sie Ihrer Lebenskraft den freien Lauf, sich von Bedrängnis, Kummer, Leid, Schmerz zu lösen und für das, was noch kommen kann, zu öffnen.

In dem Moment, in dem Sie nicht mehr mit dem Vergangenen hadern, werden Sie ins Hier und Jetzt einen Wandel bringen. Und auch innerhalb dieses Wandels gilt es, so behutsam mit sich umzugehen, wie Sie es benötigen. Sie erinnern sich vielleicht, was eine Haltungsänderung Ihres Körpers sowohl in Ihrem Inneren als auch im Außen bewirken kann. Denken Sie an diese kleinen Dinge, die Großes vollbringen können.

Denn in dem Wunsch, im Leben etwas zu verändern, lauern sogleich oft unzählige Erwartungen, wie diese Veränderung aussehen soll. Doch: Aus geistiger Sicht geht es weder um Erwartungen noch um Wunscherfüllung, sondern um das Erfassen der Lebensaufgabe, die uns der All-Liebe – die Glück und Gesundheit einschließt – Stück für Stück näherbringt.

Es gilt also, den momentanen Stand Ihres Lebens anzunehmen und als nächsten großen Schritt den zukünftigen Lebensweg freizulassen und nicht mit Wünschen und Erwartungen zuzubauen, bevor in diesem Freilassen, in diesem *Los*lassen, unser Los auch bei uns ankommen kann. Dann »lassen« wir buchstäblich das »Los« zu.

Was es in der konkreten Umsetzung für Sie bedeutet

- Bezüglich der Dinge, die Ihnen in Ihrem Leben bisher widerfahren sind, heißt das: Sobald Ihnen etwas davon unangenehm hochkommt und Sie plagen möchte, sollten Sie wenigstens nicht mehr emotional darin gefangen sein. Im besten Fall können Sie das alles anlächeln und Ihren Atem fließen lassen, damit auch diese Dinge in Fluss kommen können und Sie nicht mehr blockieren.

  Dabei helfen Ihnen die Übungen in diesem Buch. Und mehr noch hilft Ihnen die Herangehensweise an die Übungen, die einer sinnvollen Herangehensweise an das Leben entspricht. Vielleicht hilft es Ihnen, sich jetzt noch einmal dem Kapitel »Basis: Die Übungen« zuzuwenden.

- In Bezug auf die Erwartungshaltung sehen Sie es doch einmal so: Vielleicht können Sie sich gar nicht so viel Gutes ausmalen oder in Ihren kühnsten Träumen wünschen, was tatsächlich kommen mag, weil Ihr Maßstab, was gut und toll ist, unter Umständen ein sehr eingrenzender ist. Frei nach dem Motto: »Warum nicht die Taube in der Hand und den Spatz auf dem Dach« anstatt »den Spatz in der Hand und die Taube auf dem Dach«.

Anregungen zum Umgang mit der Lebensaufgabe im Alltag

Wenn Ihre Emotionen nicht mehr in Vergangenem stecken und Sie mit Ihren Erwartungen und Wünschen so umgehen können, dass diese nicht das alleinige Ziel sein müssen, dann können Sie Ihre persönliche Lebensaufgabe – nämlich das, wofür Ihr Herz in diesem Leben schlägt – leichter wahrnehmen. Oft schlummern unsere Qualitäten, die wir leben dürfen, schon lange in einem Dämmerschlaf dahin. Wir wissen sogar von ihnen, doch »dann kam eben alles anders«. Genau an diesem Punkt ist es wichtig, nicht ins Vergangene einzutauchen, sondern diese Qualitäten, welche uns innerlich zum Strahlen bringen, jetzt ins Heute zu holen, denn nur so geben wir ihnen eine Chance wieder aufzuerstehen.

Sie kennen sicherlich das Märchen »Dornröschen«, welches nach einem hundertjährigen Schlaf wieder erwacht, als es von ihrem Prinz wachgeküsst wurde. Küssen auch Sie Ihre inneren Qualitäten, Ihre Lebensaufgabe wach und feiern Sie dann ein großes Fest mit sich, denn Ihre Qualitäten warten nur darauf, gelebt zu werden. Dornröschen hätte sich, anstatt Hochzeit zu feiern, ebenso über die vielen verschlafenen Jahre und all das, was ihr angetan wurde, ärgern können – oder gar Rache dafür üben. Doch nein, sie feierte ein Fest der Liebe und des Neubeginns.

Was das in der konkreten Umsetzung für Sie bedeutet
Kommen wir nochmals auf die Entdeckung der Lebensaufgabe zurück, auf die Frage, wofür Ihr Herz in diesem Leben schlägt. Sollten Sie jetzt nicht wissend abwinken können – nach dem Motto »Im Grunde weiß ich, wofür ich brenne, es haben sich aber im Laufe der Zeit so viele andere Dinge hinzu-, davor- und dazwischengestellt«, – dann wenden Sie sich in Ihrem Alltag immer wieder folgenden Fragen zu:

»Was habe ich mir für dieses Leben vorgenommen? Was bereitet mir innerlich große Freude?«

Achten Sie darauf, sich dieser Frage nicht in einem Moment der Angst oder Sorge zu widmen. Sie sollten ruhig und geerdet sein, was sich durch einen gleichmäßig und tief fließenden Atem bemerkbar macht. Das Wohlgefühl in Ihnen sollte überwiegen, was sich über ein weites, offenes Gefühl im Herz- und Halsbereich zeigt. Wenn Sie sich dann die Frage über Ihre individuelle Lebensaufgabe stellen, beobachten Sie, was sich Ihnen zeigt, wie Sie sich fühlen, was sich in Ihnen tut. Möglicherweise haben Sie einen Geistesblitz, eine klare Idee, ein inneres Bild, ein bestimmtes Bauchgefühl. Lassen Sie es in Liebe in sich einsinken.

Sie bleiben in der Rolle eines Beobachters und in der Bereitschaft, Impulse aufzunehmen, selbst wenn die Klarheit noch fehlen mag. Denn es ist gut möglich, dass sich Schritt für Schritt verschiedene Puzzleteile zusammenfügen wollen, die sich erst dann zu einem verständlichen großen Ganzen formieren, wenn Sie bereits weitere Schritte auf Ihrem Weg gegangen sind.

Es gibt weder Gesetzmäßigkeiten, wie sich Ihnen etwas zeigt, noch, wie lange es dauert. Die einzige universelle Gesetzmäßigkeit ist, dass Sie in dem Moment, wenn Sie Bereitschaft signalisieren, Ihre innere Tür aufzumachen – für sich selbst, für Ihre Seele – Sie sich automatisch Ihrer individuellen Lebensaufgabe, die immer in der All-Liebe eingebettet ist, öffnen. Denn Ihr tiefstes Inneres wartet nur darauf, seine Herzensaufgaben hier auf der Erde erfüllen zu können.

Gehen Sie also mit offenen Sinnen und wachem Bewusstsein durch Ihren Alltag, beobachten Sie auf welche Situationen Sie treffen, welche Begegnungen Sie haben, was Neues in Ihrem Leben auftaucht, was Altes fern bleibt, sich zu verabschieden scheint und vieles mehr. So einzigartig jeder von uns ist, so einzigartig sind auch die Mittel und Wege, wie jedem gezeigt wird, wie es weitergehen kann.

Anregungen zum Vorangehen auf dem Lebensweg entsprechend der Lebensaufgabe im Alltag

Wenn Sie sich dessen bewusst geworden sind, welch großer Schatz in Ihnen schlummert, dann ist es wichtig, dass Sie nicht gleich denken, von heute auf morgen den Beruf wechseln, den Partner verlassen oder nach Hawaii auswandern zu müssen. Das kann zum einen Angst vor der Umsetzung auslösen, zum anderen lediglich eine Flucht nach vorne sein.

Natürlich kann das Leben neuer Qualitäten zu Veränderungen im Außen führen – darf und soll es ja auch –, jedoch hilft es nicht unbedingt, überstürzt von heute auf morgen alles auf den Kopf zu stellen. Sondern es geht darum, bestimmte Qualitäten zunächst im Hier und Jetzt einfließen zu lassen, zu leben, um dadurch die sich daraus zwangsläufig ergebenden Veränderungen in einem natürlichen, Vertrauen schenkenden Entwicklungsprozess geschehen zu lassen.

Um mit den gerade genannten Beispielen zu sprechen: Es öffnen sich neue Möglichkeiten am Arbeitsplatz, in der jetzigen Partnerschaft weht ein neuer schmeichelnder Wind oder Sie fühlen sich zum ersten Mal, dort wo Sie sind, wirklich zu Hause. Nur wenn im Hier und Jetzt gar kein Platz für das Leben dieser Qualitäten sein sollte, muss unter Umständen zunächst im Außen Raum dafür geschaffen werden.

Schlussbetrachtung

Wenn wir uns unserer selbst immer bewusster werden und mehr und mehr in Kenntnis des Lebenssinns, des Lebensweges und der Lebensaufgabe sind, gelingt es uns immer weniger, uns im Alltag etwas vorzumachen. Wir spüren immer intensiver, wohin es uns zieht und was für uns ansteht, und nehmen sehr viel eindringlicher wahr, wenn wir uns für etwas verbiegen oder verstellen, warum auch immer. Manchmal ist es dann wichtig, das »warum auch immer« zu erkennen und zu verstehen, manchmal mag es genügen, das drohende Verbiegen gleich abzuwenden und den Lebensweg ohne Umweg voranzugehen.

Wofür Sie früher vielleicht die tatsächliche Erfahrung benötigt haben, um festzustellen, dass es so nicht weitergeht, nehmen Sie jetzt viel eher wahr, wie es stimmig für Sie weitergehen soll. Dann brauchen Sie die tatsächliche Erfahrung, wie es nicht oder nur schmerzvoll weiterginge, gar nicht erst zu erleben. Denn Sie schulen Ihre Sensibilität für Ihre innere Führung mehr und mehr und spüren bei sich selbst, wie jede Entwicklung letztlich darauf zielt, den Weg hin zur All-Liebe zu gehen.

Schlusswort

Es würde mich freuen, wenn es mir durch diese Übungen gelungen ist, dass Sie sich selbst wieder näher gekommen sind, dass Sie spüren konnten, wie wichtig es ist, selbst zu erleben und zu erfahren, und wie schnell es aus einer solch lebendigen Haltung heraus möglich sein kann, bis ins tiefste Innere etwas zu wandeln. Und dazu bedarf es außer Ihrer Bereitschaft keiner besonderen Voraussetzung.

In dem Moment, in dem sich aufgrund selbst gemachter Erfahrungen Ihre eigene Wahrnehmung weitet und Sie die Verbundenheit mit der Quelle selbst spüren, brauchen Sie keine Überzeugung von außen, sondern sind völlig frei. Dann lassen Sie sich aufgrund von Machtstreben und Gier anderer (oder auch von Ihnen selbst) keine Überzeugungen mehr aufdrängen. Sie lernen mehr und mehr zu unterscheiden, was aus reiner Absicht und in Liebe geschieht und was auf Machtstreben, Missgunst und Angst beruht. Wir trauen uns oft diese Unterscheidungskraft gar nicht mehr zu, trauen uns selbst nicht über den Weg.

Über die Bewusstwerdung und das Erleben von Haltung, Atmung, Wohlgefühl, Wachheit und Klarheit sowie Lebenssinn, Lebensaufgabe und Lebensweg lernen Sie, sich auf Ihre Unterscheidungskraft zu verlassen. Sie können Vertrauen in sich selbst haben und werden so eigenverantwortlich handlungsfähig. Das nimmt Ihnen das Gefühl der Hilflosigkeit und Orientierungslosigkeit, wenn Sie sich in einer Krise oder einer schwierigen Situation befinden.

Denn über ...

... die Haltung richten Sie sich auf, sind aufrichtig, finden Halt in sich selbst und wissen im tiefsten Inneren, dass nichts und niemand Ihnen die Freiheit über Ihre innere Haltung nehmen kann.

... den Atem sind Sie mit allem verbunden und beschenken sich mit Lebenskraft.

... das Wohlgefühl leben Sie aus einer ausgeglichenen Grundhaltung heraus.

... Wachheit und Klarheit sind Ihre Sinne geschärft. Sie meistern Herausforderungen, oder die Herausforderungen haben jetzt klare Konturen, mit denen Sie leichter umgehen können.

... das Erkennen und Verstehen des Lebenssinns und Ihrer individuellen Lebensaufgabe haben Sie eine Idee davon bekommen, welch großes Geschenk Sie mit diesem Leben erhalten haben. Sie sind auf dem Weg, von Herzen zu spüren, warum Sie überhaupt dieses Leben mit all seinen Tiefen und Höhen leben.

Jeder Mensch bringt seine einzigartige Geschichte mit ins Leben und eine einzigartige Zusammensetzung unterschiedlichster Qualitäten. Gehen Sie liebevoll damit um, prüfen Sie immer wieder, ob Sie in liebevoller Absicht denken, sprechen und handeln.

Erinnern Sie sich: Leben ist gleich lieben, atmen bedeutet leben und über den Atem verbinden wir uns mit nichts anderem als mit der Schwingung der göttlichen Liebe und mit dem, was die Erde zu diesem wundervollen Planeten macht. Diese göttliche Schwingung ist so hoch, dass all jene, die anstatt über Liebe über Angst wirken und ihre Macht spielen lassen, früher oder später ins Wanken kommen. Durch das Wissen, dass das Ziel eines jeden Lebens ein Aufgehen in der Liebe ist und die Macht, die Ängste schürt, folglich niemals siegen wird, kann jeder Einzelne von uns – jetzt, in diesem Moment – den Übergang in eine friedvollere Zeit beschleunigen, indem wir uns in jedem Augenblick von der Liebe leiten lassen und erst gar nicht den Umweg über die Angst wählen.

Die Sprache unserer Seele ist die der Liebe. Sie ist unsere Muttersprache. Für manche ist sie eher eine Fremdsprache. Sie wurde uns lange Zeit auch als Fremdsprache »verkauft«, die nur unter bestimmten Voraussetzungen verstanden werden kann – vielleicht gar nur mit ganz besonderen Hilfsmitteln und nur für besonders Auserwählte erlernbar. Da wir jedoch alle besonders Auserwählte sind, liegt es an jedem selbst, die Tür zum Herzen, zur Liebe zu öffnen und sie, sobald sie Einlass gefunden hat, in uns wirken zu lassen.

Die Welt um uns herum ist sehr komplex geworden. Um so wichtiger ist es, dass wir in dem, was uns selbst betrifft, in der Einfachheit sind und bleiben. Je nachvollziehbarer, verständlicher uns etwas berührt, bei uns ankommt, desto nachhaltiger wirkt es, weil wir uns eher darauf einlassen und keine Erklärungen von außen benötigen, sondern die wahrhaftigen Antworten in uns selbst finden. Es ist wichtig, dass wir unseren eigenen Antworten Vertrauen schenken.

Die Technisierung brachte es mit sich, dass wir nicht mehr in der Lage sind, allen Prozessen selbst zu folgen, geschweige denn, so manchen Prozess in Gänze zu überblicken. Dadurch müssen wir uns meist auf Spezialisten verlassen, die zumindest ihren Teil davon verstehen. Das ist auch gut, jedoch nur so lange, wie es nicht auf Kosten des eigenen gesunden Bauchgefühls geht. Denn je mehr wir gewohnt sind, Verantwortung auf bestimmten Gebieten an Experten abzugeben, desto weniger übernehmen wir auch in Fällen, in denen wir sehr wohl kompetent wären, die Verantwortung. Wir übersehen dabei, dass – Expertenmeinung hin oder her – die Entscheidung, wie wir mit etwas umgehen, gleichwohl bei uns bleibt und also auch die damit verbundene Verantwortung.

Ich meine hier nicht jene Dinge, die ein klares Ja oder Nein unumgänglich machen, und ich möchte hier auch nicht weiter ausführen, wie nützlich Spezialisten auf einem Gebiet sein können, denn jeder hat seine Stärken auf einem oder auch mehreren Gebieten. Ich rede hier von den zahllosen alltäglichen Entscheidungen, die wir uns mittlerweile abnehmen lassen oder wo wir andere über uns bestimmen lassen, weil wir unserem Bauchgefühl und unserem eigenen Erleben nicht mehr trauen. Das mag zu Zeiten, in denen wir nicht in unserer Kraft stehen, unter Umständen auch gut sein, sollte jedoch immer mit dem Impuls verbunden sein, zu uns selbst zu finden und wieder eigenverantwortlich zu handeln.

Doch um für uns selbst geradezustehen, eigenverantwortlich zu sein, ist es von großer Bedeutung, dass unser Tun mit unserer inneren Zustimmung erfolgt, ohne Zwang, aus einer liebevollen achtsamen Haltung heraus.

Im Hinblick auf das Erleben der Übungen bedeutet das beispielsweise: Wenn Sie Ihr Knie auch nur ein kleines bisschen freier und leichter bewegen können, weil Sie Spannungen und Ängste bewusst gefühlt und dann losgelassen haben, dann haben Sie mehr erreicht, als wenn Sie mit ein wenig Gewalt das Knie für einen kurzen schmerzhaften Moment durchgestreckt hätten, weil das Bild ein durchgestrecktes Knie zeigt.

Dasselbe gilt für den Atem. Die Qualität, das verbindende Element des Atems für nur einen Atemzug gefühlt zu haben, ist mehr wert als jeder erzwungene Atemrhythmus, der für einige Minuten atemlos und verkrampft durchgehalten wurde. Warum? Weil Sie erkannt haben, dass es weder um ein durchgestrecktes Knie geht noch um den spektakulärsten Atemrhythmus, sondern um Bewegung, Im-Fluss-Sein, Wohlgefühl, Harmonie, Selbstliebe, Selbstwertgefühl und vieles mehr.

Dabei spielt auch Zeit eine große Rolle. Gerade in unserer schnelllebigen Gesellschaft, in der Zeit Mangelware zu sein scheint, lohnt es sich, die Langsamkeit wiederzuentdecken. Wie viele Glücksmomente und neue Möglichkeiten lassen wir an uns vorüberziehen, weil wir einfach daran vorbeigerannt sind. Dann haben wir den Anspruch, während einer fest terminierten »Auszeit« das alles nachholen zu müssen. Wir müssen dann gesund werden, wir müssen dann durchatmen und entspannen und vieles mehr – kontrolliert und zeitlich begrenzt.

Die bekannten Schlagworte »Einheit« und »Ganzheitlichkeit« können allerdings nicht konsumiert, sondern sie können nur *er*lebt und *ge*lebt werden – und zwar überall und in jedem Moment. Deshalb dient das »Handbuch Alltag« der Wiederentdeckung des Alltäglichen als Quelle für Glück und Gesundheit. Wir können alles tun, was uns gut tut, Hauptsache wir sehen darin keine Kampfansage, sondern ein wahrhaftiges Liebesbekenntnis.

Über die Autorin

Bettina Franke, 1972 in Ravensburg geboren, ist verheiratet und Mutter zweier Töchter. Nach dem Abitur wurde während eines einjährigen Auslandsaufenthaltes auf Guam (Mikronesien) das Interesse an Yoga geweckt, welches auch während des Betriebswirtschaftsstudiums und der darauffolgenden Arbeit im Personalwesen ihr stetiger Begleiter war. Während sie mehrere Jahre auf Ibiza lebte und arbeitete, intensivierte sie ihre Begegnung mit Yoga, was in einem zwei Jahre dauernden Fernstudium mit abschließend halbjähriger Lehrerausbildung vor Ort am renommierten ICYER (International Centre for Yoga Education and Research) in Pondicherry, Indien, mündete. Die Erfahrungen aus selbst geführten Yogakursen und individuellen Einzelstunden, die Begegnungen mit und die Lehrgänge zur Heilerin bei Jana Haas sowie die wiederentdeckte Gabe der seit ihrer Kindheit dagewesenen Hellsichtigkeit und des klaren Hellwissens wiesen ihr den Weg, in der eigenen Praxis für Geistiges Heilen und Bewusstseinsentwicklung sowie als Seminarleiterin und Autorin tätig zu sein.

Wenn Sie sich von Bettina Franke auf Ihrem Weg ein Stück begleiten lassen, können Sie zum einen über das eigene Erleben von Wissen und Weisheit an Selbstvertrauen, innerer Sicherheit, Hoffnung und Mut gewinnen und zum anderen Ihren persönlichen Entwicklungsprozess beschleunigen.

www.bettina-franke.de

Weitere Titel bei Neue Erde

Haben Sie auch manchmal das Gefühl, dass etwas nicht stimmt in Ihrem Leben? Fragen Sie sich dann: Ist das wirklich alles?

Dann lesen Sie dieses Buch, welches Sie ermutigt, den »kleinen Weg« zu verlassen und ins »große Leben« zu gehen, wo Sie Ihrem Herzen folgen, Ihre Bestimmung leben und in die Fülle gehen.

Dieses Buch möchte sie als Freund oder Freundin und Ratgeber ins wahre Leben, in Ihr Leben begleiten. Machen Sie sich auf den Weg!

Birgit E. Schöne
Der Weg ins große Leben
Pappband, 160 Seiten
ISBN 978-3-89060-662-0

Ihre eigene Tiefe eröffnet sich jeder Frau zum richtigen Zeitpunkt und in der angemessenen Geschwindigkeit, sofern die Suchende bereit ist, selbstverantwortlich ihren Weg zu gehen. Dorit Stövhase-Klaunig möchte dabei unterstützen und ihr Wissen über traditionelle und klassische Heilungsphilosophien mit einfließen lassen, aber auch den selbstgegangenen Weg der Verfeinerung der Empfindung und Wahrnehmung, der Hingabe und Öffnung reflektieren und beleuchten, die leichten und die schweren Zeiten ihres persönlichen Auf- und Umbruchs ansprechen und damit Mut machen, die eigenen Potentiale und Chancen in der Tiefe zu erkennen und zu leben.

Dorit Stövhase-Klaunig
Gelebte Weiblichkeit
Befreiung der Schlangenkraft
Paperback, 160 Seiten
ISBN 978-3-89060-660-6

Mit diesem Buch und der beiliegenden CD kann jeder auf sehr einfache Art und Weise für bessere Gesundheit und Wohlbefinden sorgen. Die Methode verbindet die Arbeit mit den Geisteskräften nach Catherine Ponder mit der Quantenheilung und ist so klar und einfach, dass sie jeder für sich selbst anwenden oder auch mit anderen Heilmethoden kombinieren kann. Mit diesem Buch und der CD können Sie einfach anfangen, jetzt und sofort.

Ute-Lisa Schumacher und Ilona Wegener
Das Licht in deinen Händen
Quantenheilung der zwölf Geisteskräfte
Paperback, 160 Seiten, mit CD, ca. 70 Min.
ISBN 978-3-89060-661-3

Es mag auf den ersten Blick ein wenig ungewöhnlich erscheinen, unsere Organe als eigenständige Wesenheiten zu betrachten. Auf den zweiten Blick ist dies jedoch gar nicht mehr so abwegig, vielmehr eröffnet uns diese Betrachtungsweise ein ganz neues Körperbewusstsein, wenn wir zum Beispiel unser Herz als ein unermüdlich tätiges Gegenüber auffassen, dem wir danken und mit dem wir sprechen können. Und sozusagen einen »dritten Blick« eröffnen uns die Bilder von Anne Heng, die uns unsere Organe als großartige Elementarwesen offenbaren.

Ewald Kliegel, Anne Heng
Organwesen
Die Weisheit deines Körpers
Hardcover, 128 Seiten, 30 Farbtafeln
ISBN 978-3-89060-609-5

**Sie finden unsere Bücher in Ihrer Buchhandlung
oder im Internet unter www.neue-erde.de**

Im deutschen Buchhandel gibt es mancherorts Lieferschwierigkeiten bei den Büchern von NEUE ERDE. Dann wird Ihnen gesagt, dieses oder jenes Buch sei vergriffen. Oft ist das gar nicht der Fall, sondern in der Buchhandlung wird nur im Katalog des Großhändlers nachgeschaut. Der führt aber allenfalls 50% aller lieferbaren Bücher.

Deshalb: Lassen Sie immer im VLB (Verzeichnis lieferbarer Bücher) nachsehen, im Internet unter www.buchhandel.de
Alle lieferbaren Titel des Verlags sind für den Buchhandel verfügbar.

Bitte fordern Sie unser Gesamtverzeichnis an unter

NEUE ERDE GmbH
Cecilienstr. 29 · 66111 Saarbrücken
Fax: 0681 390 41 02 · info@neue-erde.de

Die Begleit-CD
zum Handbuch Alltag von Bettina Franke

1 Einführung

Haltung
2 Übung zur Haltung
3 Liegen auf dem Rücken
4 Sitzen auf einem Stuhl
5 Fersensitz
6 Stehen

Atmung
7 Übung für den Atem
8 Vertiefungsübung Atem
9 Mitten im Leben stehen und über sich hinauswachsen

Wohlgefühl
10 »Wie geht es mir?« und »Zurück zum Wohlgefühl«
11 Wahrnehmung Spannung - Entspannung
12 Reise durch den Körper

Wachheit und Klarheit
13 »Frühjahrsputz«
14 Wirbelsäule beleben
15 Reinigende Atmung

Lebenssinn
16 In Liebe sein
17 Schlusswort

Text: Bettina Franke
Sprecherin: Bettina Franke
Musik: Bettina Franke
Aufnahme: Wynrich Zlomke
Dank an Tanja Häring-Reschberger für ihre Unterstützung.